博瑞森图书
BRAGE

企业阅读 本土实践

# 新经销

## 新零售时代，教你做大商

黄润霖◎著

THE NEW DISTRIBUTION

NEW RETAIL ERA TEACH YOU HOW TO DO A BIG BUSINESS

中国青年出版社

**图书在版编目（CIP）数据**

新经销：新零售时代，教你做大商/黄润霖著. —北京：中国青年出版社，2019. 5

ISBN 978 -7 -5153 -5540 -5

Ⅰ. ①新… Ⅱ. ①黄… Ⅲ. ①零售业—商业经营 Ⅳ. ①F713. 32

中国版本图书馆 CIP 数据核字（2019）第 052128 号

**新经销：新零售时代，教你做大商**

黄润霖 / 著

出版发行：中国青年出版社

地　　址：北京市东四十二条 21 号

邮政编码：100708

责任编辑：刘稚清

封面制作：仙　境

印　　刷：河北宝昌佳彩印刷有限公司

开　　本：710 × 1000 1/16

印　　张：14. 75

版　　次：2019 年 7 月北京第 1 版

印　　次：2019 年 7 月第 1 次印刷

书　　号：ISBN 978 -7 -5153 -5540 -5

定　　价：191. 00 元

# 导 读

## 经销商的变与不变

这是一本来自经销商的书，也是一本写给经销商的书。

本书所说的新经销，正是既脱胎于传统经销商，深谙经销商本地化路径，又善于使用互联网工具，熟悉互联网规则的一个群体。本书所展示的六七十个案例，是在近两年的市场实践中，作者实地拜访近 100 位经销商在传统营销手法上的创新、在新营销工具上的发现，这是本土营销最真实的声音。

改革开放 40 年，经销商过了 20 年的好日子。前 10 年是睁着眼睛在摸，近 10 年是闭着眼睛在熬，但焦虑和不安是主旋律。麻烦的是，近 10 年的这个对手，既首尾不见，又无处不在，很多人都在急着找答案，但本书却更关心问题是什么。

商贸流通渠道的骤变，源于互联网工具的出现。工具解决的是效率问题，而不可能是所有问题，正如基因进化，遵循着继承是画龙，进化是点睛。

所以，时代巨变里面那些叫嚣着完全推倒重来的人多是机会主义者，而秉承坚守和弘扬的人才是社会发展的传承者。

搞清楚什么该变，什么不该变，这才是经销商近 10 年最重要的课题。

经销商从小到大、从弱到强，渠道无限地逼近消费者没有变，产品超越消费者的认知没有变，促销突破消费者的期待没有变，货真价实、童叟无欺没有变……生意交换的本质没有变。

从线上到线下、从 2C 到 2B，客户的进店过程在发生变化，客户评判产品的方式在发生变化，客户的支付手段在发生变化，客户的影响力和传播力在发生变化……改变的是流程和轨迹。

本书从**选址、产品、促销、团队、规模**五个视角，阐述了新经销变与不变的市场手法和操作思路，这里面既有对传统营销的反思和坚守，又有对新营销的审慎和创新。对传统营销的微创新和对新营销的本地化是本书的一大亮点。“低头拉车，抬头看路”，是时代赋予新经销商的使命。

从选址到规模，也是经销商必须要经历的“二万五千里长征”。过去，经销商可能需要扎扎实实把每一步走好才有晋级的机会，本书则试图结合互联网工具，提高新经销商跨越式发展成功的概率。

每一个时代都有机会，而能够将机会把握在手里的人，都是驭势前行的人。

# 前　言

## 谁动了经销商最后一公里的奶酪

最后一公里（Last kilometer）的意思，在英美国家常被译为 Last mile（最后一英里），原意是指完成长途跋涉的最后一段里程，也被引申为完成一件事情的最后而且是关键性的步骤，通常还表明此步骤具有难度。

在营销界也有最后一公里的说法，通常是指整个产业链里，最后负责配送到消费者手中的那一段，也就是我们现在所说的物流、快递或其他配送方式。很显然，产品只有到达消费者指定的地方，才意味着一件产品真正变成了商品。

要让一件产品变成商品，最后一公里的传统做法是将门店开到消费者的活动范围里。传统的坐商，最后一公里的责任其实是转嫁给了消费者。换句话说，经销商赚了最后一公里配送的钱，但是没有做最后一公里配送的事。只是在竞争不够充分的情况下，消费者并没有觉得这有什么不对。

2000 年后，坐商改行商，关键的一点就是最后一公里的责任主动进行了转移。从提货自取改成了送货上门，经销商的价值得到了提升，由于责任回归，经销商并没有在这次责任转移中获得更多的收益，反而成本有所上升，这也导致有些经销商抵制行商模式。显然，这些人没有看到终端前移对他们意味着什么。

# 该来的，终究会来

后来，电商兴起，产品最后一公里的责任再次进行了转移。电商虽然会用各种方式进行免邮促销，第一次用货币的形式表明了最后一公里的价值。快递、物流分担了经销商的活，当然分的也是经销商的钱。过去认为免费天经地义，第一次因为渠道再分配体现了节点价值的源头。这就像很多家电、建材产品，过去上门免费安装好是天经地义的事，但是电商发展到现在，上门安装费用也成为消费者默认的，这是电商对行业价值梳理的贡献。

过去几年，各个城市开始流行一种新的职业，叫作代办跑腿。你买煤气不方便，我去帮你买；你要去社区领爱心公交卡，我去帮你领；你想提前挂号看病，我去帮你排队，这是最后一公里的异化和延伸。坐商时代，本该由经销商承担的配送费转嫁给了消费者，一旦竞争激烈，这种责任必须回归经销商。所以，随着互联网对信息不对称的改造，这种职业会逐渐消失，因为你让消费者为最后一公里重复买单。

最近关注以“新达达”为代表的移动平台，采用移动和众包的方式解决最后一公里的问题。以具有大量闲散时间的保安、保洁、保姆为主要配送载体，解决中小商家或个人的配送问题。这类似于 UBER，使用者通过定位和抢单完成配送任务，获取佣金，而中小商家需要为此买单。

经销商的所有生意又回到原点，该你做的，一件不少又回来了。中小商家过去不愿提供配送服务，但是该赚的钱一分没少拿，后来市场竞争激烈，又把价格降低，连最后一公里的配送利润也在减少。如今发现要提供服务，又没了利润，这是现在的消费升级一直处于拉锯战的原因之一。

# 最后一公里，谁做最合适

最后一公里，就是实现整个渠道价值兑现的重要一步，但是在传统的营销方法中，这是被严重忽视的一环。

在一个渠道颠覆另一个渠道、一个时代改变另一个时代的大背景下，最后一公里成为抢手的香饽饽不难理解。经销商发现，在几番被动地来回过招之后，该承担的责任一样没少，该花的成本一分没降，但是对终端消费者的控制权无形中被转移到了创新型的第三方平台手上。如今，很多经销商懊悔不已。

但值得庆幸的是经销商并不是毫无机会地束手就擒。未来的市场经济更加开放，职业化竞争，而且是充分竞争，才是优胜劣汰的规律。

跑腿看起来是小事，但专业和业余的差距很大。只不过现在的快递服务做得很差，只是送货的水平，拆包、丢件、泄露隐私的情况太多，所以我们才会认为有大量闲散时间的人也能按这个标准把货送好。

没见过职业化的快递服务不代表它不存在，可以去日本看看，去欧美看看。只不过现在的人力成本低，人员素质也相对低一些，企业没有办法高标准要求快递人员，但是不代表永远会这样。

没有职业化培训，就不会有职业化素质。分享经济给老百姓赚个零花钱还行，但是要成为一份收入，事实上会极大地阻碍消费升级和服务升级。

专业的快递员不可能被完全替代，就像网约车不可能替代出租车，它只是一个搅局者，成为出租车行业的补充，逼着专业的人提高专业技能和服务。快递员当然也不能把经销商最后一公里的活干完，送货我没有你专业，但是产品服务我比你专业。毕竟，并非所有的产品都只是商品转移。

家电、建材产品首先要感谢电商，因为正是电商的到来，让更多的消费者接受了送货上门和安装服务也是有价格的。即使是快消品，很多社区小店也开始送货上门，这其实就是最后一公里责任回归的表现形式。现在的问题是：责任回归，经销商在各自的领域，怎样提高最后一公里的专业门槛，而不是再犯一个坐在家里卖货时的错误。

终端装修和运营成本到底能不能省？互联网时代，随着 VR、AR 技术的出现，很多经销商都不愿再做重资产运营，认为轻资产运营才是互联网时代的商业模型。我的看法是：任何商业模型必须基于实业，任何商业环节必须基于实体，未来的终端一定是现实与虚拟的结合，VR 与 AR 技术基于此才有现实意义。

电子商务将终端店搬到了屏幕上，经销商看似没有终端装修的费用，实际上是将展示成本转嫁给了消费者，因为消费者要花钱买电脑或手机才能看到产品。正因为你放弃了终端的控制权，所以在这场信息不完整的影响较量中，你只能被动地等着消费者比较价格。

还是那句话，经销商放弃了终端，就没有了脚下三尺，没有了脚下三尺，哪来的最后一公里？

# 目录 Contents

# 第一章

## 选址，位置未必定生死

## 第一节　经销商应该去哪里开店

经销商开店选址的大逻辑，就是要明确开店到底是为了什么？很多销量不好的经销商奔着赚钱的目的，却干着不亏钱的买卖，在左顾右盼中把自己给耗死了。

线上、线下，大的选址逻辑其实还是一样。线上开店如果没有流量加持，经销商的电商转型，就算概念玩得再好，也能亏个底朝天。线上的门店没有流量一切都是空谈，线下的门店不谈位置一切都是白搭。

在一次山东的培训沟通会前，一位来自菏泽的老板娘跑到我们这桌，向济南的运营商王总半调侃式地诉苦：开店两个多月才卖了一个橱柜，店里就是没客人，也不知道该怎么卖，让济南的运营商给她出主意。

虽然是在那儿诉苦，但也并不觉得老板娘为这糟糕的生意有多着急上火。运营商王总没好气地指责她只知道守株待兔、坐店销售，不知道出去做推广、找流量。我问她："店开在哪个位置?"老板娘有点不好意思地说道："我以前的日杂百货店就在菜市场旁边，新位置也不好找。我就把日杂店重新装修了一下，挪了一大块地方出来做橱柜。虽然位置有点偏，但是租金便宜啊，那么大一块地方，一个月租金不到1000元。我卖一个橱柜，几个月的租金都不愁了。"

看到这种自诩不亏即赚的经销商，我也只能祝她自求多福了。

开店的目的是赚钱。做生意控制投入当然没有错，但是生意赚的是投入产出比，这个道理小孩子都懂，但做选择却很痛苦：1000 元的投入，产出 1000 元，则投入产出比是 1 ∶ 1，感觉自己能熬 10 年；投入 1 万元，产出是 10 万元，投入产出比是 1 ∶ 10，但亏了怎么办？这才是最纠结的地方。

没有投入就没有产出，没有投入也就没有压力。大部分坐在店里等客上门的经销商，都是在温水煮青蛙的渐进式压力下把自己给熬死了，还搭上了时间成本。

嘉兴有一个美女老板张总，第一年在当地一个没落的百货市场租了一个专区，卖儿童特色用品，虽然租金只有 2000～3000 元/月，但是人流量有限，生意始终徘徊在亏损的边缘。2018 年 6 月，当地万达广场开业，老板娘果断出手，拿下了一个将近 100 平方米的专卖店。虽然月租达到 15000 元，但是借助万达的人气和流量，即使准备不足，匆匆开业，开业当天的销售额就抵得上过去 3 个月的销售额，而这些儿童特色产品一倍以上的利润空间足以支撑万达的黄金铺租。

做销售无外乎扩大基数和提高概率。基数足够大，或者概率足够高，都是提升销售额的好途径。在闹市开店，人流基数问题解决了，门店只要集中力量解决概率问题就行。

## 耐消品的消费者行为轨迹

当然，如果说要去人流量大的地方开店，这么简单的道理，显得既简单又粗暴。精细一点的做法是搞清楚我们的消费者会在哪里出现。

以家电、建材、家具等耐消品为例，我们将消费者行为轨迹梳理一遍，这个问题就有答案了。

一般来说，从消费者收房开始到入住之前，是家电、建材、家具等产品采购的高峰期。所以，我们要重点考虑的是消费者从收房到入住的行为轨迹。

消费者拿到房门钥匙，购买家电、建材、家具等产品的需求随即被激发，作为一名普通消费者，他接下来的第一个动作是什么？对！是想一想，在自己亲人、朋友、同学等熟人中，有没有卖这些耐消品的人！这个时候，大部分消费者是这样想的：

（1）熟人懂这一行的门道和深浅，有熟人指点，至少能少走弯路。

（2）所谓货比三家，找熟人探一探价，建立产品价格的接受底线。

所以，门店要建在哪儿？要建在所有亲人、朋友、同学等熟人的心里。什么意思？就是当咱们进入某一行业以后，就得开始学会建立自己身边的社会关系。因为这些人都有可能成为自己潜在的客户，在今天这样一个信息爆炸的社会，能够先将自己身边的人影响，已经成功迈出了第一步。

让亲人、朋友、同学等熟人了解我们现在正在干什么，不是要让他们了解我们这个行业，了解我们的产品，而是要让他们知道，在他们的朋友圈里，我是**“离这个行业最近的人”**。那些天天在朋友圈发广告的人，有没有错？当然没错，广而告之是生意人的必然行为，错的只是发广告的霸屏方式。

当然，不是关系特别铁的朋友，这个时候的询价大多是“点头之交”，离真正的成交还比较远。如果购买行为没有结束，接下来，消费者会干的第二件事，就是我们很多人知道的，去网络上收集相关信息。

网络上的信息会不会影响消费者的选择行为？当然会！我们可以回想一下，对于耐消品，消费者最常见的搜索习惯是什么，是不是会输入“中国十大油漆品牌”“十大家具品牌”“十大品牌燃气灶”这类文字？

这些网络排名是怎么来的？绝大多数是这个行业的从业者要么自己在贴吧、百度问答中自问自答，要么花钱在各类排名中占据一席之地。

真正的行业领头品牌可能还好点，行业里的小品牌如何打肿脸充胖子？惯用的手法就是将行业里真正的大品牌列出九个，然后把自己的品牌夹在其中，唱一出“假亦真时真亦假”的戏！

现在消费者相不相信这些排名？应该说是将信将疑！但耐消品是低关注度、高参与度的消费品，消费者除了熟人和网络，能够获取信息的渠道也不多。所以，在网络上收集到的信息依然是影响消费者购买决定的重要因素。

搜索完这些排名以后，消费者现在增加了另外一个习惯。干吗？去天猫、京东的官方网站，搜一搜意向品牌的官方旗舰店。

过去，只有线上网店，没有线下门店，消费者会认为这种品牌是杂牌；如今，一个陌生品类和品牌如果没有进驻天猫、京东并设立旗舰店，消费者的认同感也会大打折扣。今天，线上的旗舰店和线下的实体门店其实是相互背书的关系。线上网店的热销程度也成为消费者评价一个品牌的重要因素。

今天，网络刷单为什么会成为一个产业？不仅仅是中小品牌刷单，不少行业大品牌遇到重大节假日或特殊时期，也会引导各地的经销商去平台电商的官方旗舰店，按比例配合企业刷单。有些企业甚至在合同里面规定，经销商在平台电商旗舰店的年度刷单任务，就是为了制造网店热销的假象，同时影响线上、线下的消费决策。

所以，在网上建店，重不重要？当然重要，耐消品虽然大多数需要眼见为实，但是这些在网上获取的信息也决定了线下消费者的行为轨迹。

在网上获取信息，进行初步比较后，消费者下一步就是耐消品“一逛、二比、三购买”的消费动作。耐消品高客单价的特征，决定了消费者需要反复比较。在大中型城市，为什么临街的家具、建材独立店比较难存活？就是因为品牌单一，缺乏比较的时候，消费者往往会抱着再看看的心态不做决定。而在品牌集中的建材城、家具城、家电城，消费者就容易做决定。

在实体门店，消费者依然遵循“十大品牌”的信息逻辑，重点去看一看位列十大品牌的实体门店，去品牌如林的家具城、家电城体验产品、感受服务、比较价格。

直到此时，消费者仍然有很大可能不会下单，而是会退到“十大品牌”实体店外，再放眼看一看周围，还有没有其他品牌可供比较。此时，“十大品牌”旁边的同类门店就有了更多的销售机会。

所以，线下应该去哪里开店？对于家具、家电、建材类产品，因为其具有“一逛、二比、三购买”的消费逻辑，除了比较小的县城以外，独立的临街店尽量少开，还是建议去品牌扎堆的建材城、家具城、家电城，而且是尽量去成熟的市场开店，尽量在同行的领军品牌旁边开店。

有人说了，这样一来，推高了地价，推高了房租，成百上千的经销商去抢屈指可数的几个大品牌旁边的位置，何其难啊！

当然，如果仅仅是在消费者心里建店（社交电商），在网上开店（平台电商），在成熟的家电建材市场以及大品牌旁边开店，对于线下经销商来说，选择也确实太少了。

但是，2008 年，作为中国经济发展的重要节点，线上开店的优势对线下形成了一个反超。我在当时对耐消品线下开店选择的三个预判，在今天来看也不过时，相反，还有愈演愈烈之势。

## 一、去新崛起的城市中心开店

跟随城市多中心化的脚步，成为类似万达广场这种造城运动的追随者。据国家统计局发布的《中华人民共和国 2017 年国民经济和社会发展统计公报》显示，2017 年，我国常住人口城镇化率已经达到 58.52%，城市化进程进一步加速。

过去坚持的一个城市、一个中心的单一布局理念已经离我们而去，随之而来的是城市中心的多元化。一个城市出现两个或者两个以上的城市中心，而这些城市中心的崛起则是商业推广的必然结果。

以万达广场为代表的商业地产，将成为这场运动的主力。耐消品经销商可以追随这波人流量的红利，抢先在这些位置开店。这些位置的店，主要以形象店和体验店为主，新产品、新功能、新服务的投入，成为品牌和口碑的高地。

比如在日本的东京银座，这样寸土寸金的地方，苹果就开设有一家规模不小的体验店。这家店不以售卖产品为主，主要是苹果新产品的体验中心。

一楼以新产品的现场体验为主，最新的苹果产品，果粉们都能在这里亲手把玩。

二楼是一个负责品牌和产品培训的放映室，每隔 30 分钟，就有专人进行一场关于苹果品牌和产品的介绍。

三楼则是需要预约的最新的黑科技产品体验室。

现在，我们可以看到索菲亚等家居定制品牌，也已经开始采用在万达商业广场开店的模式，尝试抓住新一波消费升级的人流。

## 二、去社区开店

进入社区，无限地逼近消费者。在社区开店，以前还会担心投入产出的问题，但是现在看来，这样的担忧已经有些多余。有些大型楼盘，比如恒大，一个楼盘七八期，等到真正所有业主收房，估计都要十多年，一个门店的装修费早就赚出来了。

在社区里开店，是真正在消费者产生需求的源头开店，当然，消费者仍然可能会“一逛、二比、三购买”。但是近水楼台先得月，消费者经过比较以后，无论是基于对后期服务的考量，还是沟通方便，选择社区店购买的概率已经大大提高。无论是建材还是家具，或者是家电，在社区开店的趋势越来越明显。

### 三、去县城、乡镇开店

随着城市多中心化的发展，传播和广告的成本越来越大。而在乡镇和县城，作为一个相对封闭的区域，几条街、几个人，谁不认识谁，谁不知道谁？这是传播成本最小的熟人社会的特征。

熟人社会有什么优势？就是你在家里刚拉开架势，准备暴揍一顿不听话的儿子，住在县城东头的丈母娘已经在你家门口敲门喊话“缴枪不杀”。所以在县城里开临街的独立店，相较于在大城市里开店，存活的难度就低了 N 个档次，就是因为推广成本低，传播速度快。

另一方面，近郊区的城镇化，县城的扩张，乡镇的升级，都能为在四、五级乡镇和县城市场开店的经销商带来更多的机会。这样的机会，不仅对低端品牌，对中高端品牌的平民化同样也是一个巨大的机会。

## 第二节　实体门店的场景化销售逻辑

现在整个零售生态发生了一个有趣的变化：就是从过去一本正经、

板着脸卖东西的专业型卖场，向着插科打诨、就不好好说话的温度型卖场转变，“不正经”成了卖场人性化的标签。连麦当劳、湖南广电都开始自称金拱门、芒果台，你还端着干啥！

这里涉及一个重要问题，就是未来的产品应该在哪里卖，消费者未来会去哪里买产品。

当然，这个问题不是今天才有的。自从有了买卖这个行当，在哪里卖、在哪里买都是一个重要的问题。只不过，随着买卖关系向着买家倾斜，卖东西越来越难，“变着法子卖”才是销售者需要更多考虑的问题。

进入互联网时代以后，互联网的平台公司弄出了很多新概念，让已是惊弓之鸟的经销商们整日如临深渊、如履薄冰。新与旧、虚拟与实体究竟是东风压倒西风还是西风压倒东风，不是我们今天探讨的关键。但是互联网大佬们提出的一些概念，其实是遵循“春江水暖鸭先知”的原则，这是他们对线上零售进行测试后开始的思考，而这些改变的趋势同样适用于线下的消费者。

2018 年 4 月初，我和爱人报团参加了张家界 4 日游。在当地导游的安排下，我们住进了一家看起来还不错的当地酒店。刚进客房，就看见房内摆放着一张古色古香的茶台，上面泡茶与沏茶的工具一应俱全。在茶台的案头，摆着一本宣传张家界本土杜仲的画册，封面上“杜仲之乡”四个字格外显眼。更重要的是，茶台的另一侧还摆放了两小包标注着“杜仲嫩芽”的便装茶包，并用中英文标注了“免费”字样，旁边还贴着一张打印的小贴士：四月杜仲嫩芽，只等候四月到来的贵客！

我被这种营销手段打动了，洗具、纳茶、候汤、冲泡、刮沫、淋罐、烫杯、斟茶一气呵成。品鉴回味之余，翻看“杜仲之乡”宣传画册，不知不觉中主动接受了杜仲“药食同源”的理念，加上能赶上品尝四月的春茶，不用导游引导，我就在酒店前台订了两盒茶叶。这两盒茶叶还不用我拎着受累，直接留个地址快递到家。

旅游景点的酒店要提升档次，给每个客人配几千元一斤的金骏眉，上万元一饼的普洱尝鲜，显然成本有点高，而且金骏眉和普洱这两种茶也不一定能引起消费者的注意。反而是具有当地特产的茶叶更能满足游客猎奇的心理和到此一游的虚荣心，就像在贵州喝茅台，比在成都喝茅台更有仪式感。

茶叶的销售点不再固定在所谓的茶叶店，在酒店的客房就能完成销售推荐，这就是对销售场景的再创新。这种销售场景化的设计，最大限度降低了消费者的戒备心理，因为它只出现在消费者需要它出现的地方。

在2014年微商最火的时候，场景化销售的概念就已经提得很普遍了。只不过，那个时候的场景化，完全变成了线上营销的专利。看看互联网大佬们对场景营销的定义就能略知一二。

百度百科把场景营销定义为：是基于网民的上网行为始终处在输入场景、搜索场景和浏览场景这三大场景之一的一种新营销理念。通过浏览器和搜索引擎等电子化工具，对以上三种场景提供资料搜集、信息获取和网络娱乐、网购等服务支持，构建以“兴趣引导 + 海量曝光 + 入口营销”为线索的网络营销新模式。

这种带有明显“互联网歧视”的定义，把线下的场景化销售完全排除在外，又一次对实体经销商脆弱的心脏予以了重创。事实上，线下销售的场景化需求，正击中了实体店的体验功能。把产品植入特定场景，适时唤醒消费者的需求，顺应消费者的消费逻辑，制造一个有温度的卖场，这是线下卖场升级的一个重要逻辑。

目前看到的经销商场景创新案例，基本遵循了消费对象创新、消费地点创新、消费时间创新、消费品类创新的“四创新原则”。我将其总结为**场景化创新的 4W 模型**。

## 一、还能为谁买（Who）

还能为谁买：就是围绕产品的使用对象，将其身份做多重切换，然后找到每个身份对应的对象，再根据这些对象集中出现的场景进行销售的场景化创新。

比如升级型的学习桌椅，使用对象是 6～12 岁的少年儿童，由于单款价值较高，少则三四千元，多则过万元。所以，购买者通常是孩子的父亲或者母亲。按照"还能为谁买"的思路扩展，就能列出：学校为学生买，个人为朋友的孩子买，长辈为晚辈买……一个个罗列，一个个论证、排除，最后列出最有可能触及的对象。

某学习桌椅品牌江西代理商江总，根据这个思路，摸排出爷爷、奶奶可以为孙子辈的孩子买的线索。而既有消费能力，又属于这个群体的爷爷、奶奶，比较集中出现的场所就是老年大学。从逻辑上看，老年大学是比较容易形成一对多销售的场所。

随后，江总通过老龄委、民政局的朋友，找到了当地老年大学的负责人。通过活动赞助的方式，穿插课堂讲解，在当地老年大学很快就发展出了第一批种子客户。后期再把退休证作为门槛，获取了源源不断的老客户介绍过来的优质新客源。

## 二、还能在什么地方买（Where）

还能在什么地方买：产品除了在店内做展示售卖外，消费者还可能在哪些地方消费（包括购买和使用）这种产品？而这样的地方可以提供销售场景的创新机会。

比如茶叶是一个购买和使用场景相对较多的品类，办公室聊天时会喝茶，送礼的时候去专卖店买茶，在家吃完饭后会喝口茶，在酒店吃饭前也会有品茶的习惯。而在这些场景中，前三种场景，销售行为要么不易触达，要么不易控制，只有在酒店吃饭前品茶，由于处于公共空间，销售行为触达和控制的概率更高。

长沙的刘总，是中茶集团湖南的代理商，除了在茶叶批发市场和临街处开设网点外，已经开始在酒店和餐饮店等场所做餐饮即食茶。前期，他们通过谈判入驻酒店，派驻一名茶艺导购，刘总的公司负责提供茶艺导购的工资、提成，泡茶的道具和宣传的物料，酒店方负责提供场地、水电和茶艺导购的餐食。获得的收益双方按固定比例分成。

餐饮即食茶具体操作模式是：针对每位到店消费的顾客，茶艺导购都会来到餐桌前，让消费者在普通茶位、10 元/位、20 元/位、40 元/位进行选择，在高端酒店，宴请型的消费者多半会选择 10 元/位～40 元/位的茶位进行尝试。对于茶水消费金额高的顾客，茶艺导购还会选择性地进行 10 分钟的茶艺表演。仅仅通过这波操作，刘总将整盒销售变成单包销售，茶叶行业本身的暴利，加上对单店销售模式的打磨成熟，单店至多两个月内就能形成自负盈亏、单店赢利。

从 2017 年底开始运作，到 2018 年 7 月份，刘总不断地给我传来好消息：作为独立考核的餐饮即食茶渠道，已经开始正式赢利，现在连中茶集团的厂家领导都跑到长沙学习餐饮茶的操作思路。

其实，从买茶回家喝到就在这里喝，一个销售场景的转变就是一条赢利的渠道。

## 三、还能在什么时候买（When）

我曾经举过一个极端的例子，是说如果在每家每户的门口都开一家可口可乐的小卖部，即使今天碳酸饮料的市场江河日下，可口可乐的销量仍有可能继续攀升。道理很简单，因为快消品的消费即时性非常重要，当我口干舌燥想喝饮料的时候，如果触手可达，第一眼看到的饮料肯定是首选，只是这种投入与产出的比例让这个想法显得不现实。

曾经火得一塌糊涂，现在已经被封掉的“内涵段子”APP，为什么能够积累过亿用户？我想除了那些三观不正的东西迎合了某些人的低级趣味，内涵段子 APP 的推广能力是功不可没的。有一段时间，我在手机的微信端输入的内容只要涉及“段子”两个字，就会跳出一个链接提示“你是不是要找内涵段子？”点击进去就是直接下载。那一刻，我觉得“内涵段子”真是太贴心了。

“还能在什么时候买”的场景创新，其实就是要将消费者的需求点进行切分，看一看哪些时间点会产生购买需求，哪一些时间段的购买需求会比较集中。接下来的问题就是：在这些时间点，我们如何触达消费者？

## 四、还能和什么一起买（What）

还能和什么一起买，主要考虑的是我们的产品还能和什么产品一起搭售，为对方的产品加分，提高附加值，尤其是为高端产品增值。

我的一位同行王老师，在多年咨询培训的经历之后，2018 年上半年在佛山的岭南新天地投资几百万元开了一家非常高端的中餐厅。为了带动餐厅的销售，考虑到佛山企业主众多，而他本身又有很多企业学员，王老师创造性地将讲课和餐饮进行了结合。

消费者来到这家中餐厅，不仅有美食和美酒，还能和自己的客户听一场关于企业管理、品牌营销之类的最新课程，而这正切中了佛山企业主们的需求痛点。只要你成为企业会员，就可以享受提前预订课程餐桌的权限，每次获取一个提问权限，近距离聆听王老师关于某个问题的最新思考。

餐厅第一批 VIP 企业会员充值 10 万元的门槛并没有降低企业主的参与热情，首批会员名额很快就销售一空。

总结一下，销售场景化的 4W 模型，要求我们将使用对象的身份进行多重切换，再罗列出消费者使用和购买这种产品的所有环境，然后按时间线将消费者需求产生的点找出来，最后考虑咱们的产品还能和谁的产品搭配在一起售卖，以提升对方的附加值，尤其是高端产品。做完这个逻辑梳理，我们就有可能将值得创新的销售场景提炼出来。

## 第三节　互联网工具在实体门店的应用

这两年比较火的新零售及重新升温的 B2B，似乎都只是把目光投向了快消品。互联网对零售业的改造好像也更愿意拿快消品说事儿，“快闪店”里的无人零售、即来即走的消费特征，B2B 里的多拉快跑、统仓统配的构想，也是基于快消品的消费模型。而在耐消品的实体店里，针对“一逛、二比、三购买”的消费特点，互联网工具的应用和升级，总感觉慢了半拍。不！是整整一拍！

其实，快消品的痛点，耐消品也有；耐消品的痛点，快消品不一定有。

耐消品在准备消费前，闲逛搜集的阶段比较长，很多消费者来了又走，走了又来，互联网这种无孔不入的能力，能不能帮我们把来过的消费者死死锁定？

在比较选择的阶段，互联网的信息包罗万象，而且触手可及。互联网能不能帮助消费者建立有利于我方的产品标准，而不是迷失在信息的垃圾堆里面？

当消费者终于决定要掏钱买单的时候，对于客单价大，购买频次低的商品，互联网能不能成为促成消费者“最后一哆嗦”的推手，而不是半路杀出的程咬金？

……

在互联网刚刚兴起时，实体店极力排斥。看到消费者记货号、扫编码、拍价格，是要“面斥不雅”的。还有奇葩的经销商，在门店里装上无线信号屏蔽器，让消费者在店内搜不到网络。作为千万经销商的一分子，都是九年义务制教育，你凭什么这样优秀？

也有霸气的经销商，不玩阴谋诡计，常是一招制敌：便宜没好货，好货不便宜，你看重价格，就去网上买，你看重品质，就到我这儿来！

一句话，尴尬的聊天开始，消费者臊得不行：好、好、好！你说啥都对，你高兴就好！消费者拍拍屁股，口服心不服地走了。

还有经销商门店一辈子没能用上互联网，终于在门店关张的时候蹭上了互联网的红利：门店拉上横幅“某宝所害，全场甩卖，老板娘除外！”引得一众人等拍照发朋友圈，微博转发@某宝，洗货倒是洗得一干二净。老板和老板娘执手相看泪眼，感慨万千：咱们终于抓住了互联网的小尾巴啊！

所以，我们也能理解，在耐消品门店互联网工具化氛围不够的大环境下，实体店的经销商们摸着石头过河的心情。在经历了对互联网认识的“看不见、看不起、看不懂、来不及”四个阶段后，实体门店互联网工具化的趋势也走过很长的一段弯路。

比如用微信、微博吸粉，发现不是穿个马甲，或者注册个 ID，就能登高振臂，应者云集的。没有推广公众号的渠道，没有原创转发的内容，甚至发现弄个排版、搞个美工，都不是经销商擅长的。互联网工具如果不能拿来即用、用完即走，这就是赤裸裸的“知识歧视”！

还有一部分从实体转向微商的人更可怕。自从被彻底“洗脑”以后，哎哟喂……腰也不酸了，腿也不疼了，一口气也能刷个几十条的微商广告霸屏了。最后，曾经的经销商终于成功地蜕变成朋友圈里最容易被屏蔽的那类人。“错过了电商，不能再错过微商！”多么激动人心的口号！是啊，这下他们连经销商都错过了。

度尽劫波兄弟在，相逢一笑泯恩仇。在实体店里面，电商平台、微信、低价平台这些无处不在、唾手可得的工具，究竟应该如何用，才不至于是消费者比价的工具，而成为门店生意的帮手呢？

耐消品有两类重度消费人群：一类是到店消费者，一类是社区家庭。到店消费者都有明确需求，没事谁去瞎逛建材、家电的专卖店啊？耐消品更倾向于家庭群体决策，社区家庭永远是需求的源头。门店的互联网化，可以先从以下三个方面入手：

## 一、解决只逛不买，收集消费者信息

耐消品需要大量地收集信息，很多到店的消费者就是过来看看，看完又走，这些潜在消费者的信息怎么收集？

过去的做法是给消费者递上一本产品图册或者活动单页，今天你再递上一本厚厚的图册，消费者多是随手翻翻，临出门时又丢弃在了店内。产品图册还是纸质的，不仅成本高，效果也差。结合互联网工具的做法是：

（1）让那些一言不发的消费者自己静静地看，当他停留在某个产品面前，拿取、探寻产品时，适时地递上一本产品图册："您看的这款产品，更详细的参数指标这上面都有！"

（2）当消费者翻阅图册时，及时提醒消费者："图册这种东西拿在手上很重，也不方便。您不如关注公众号或者扫店内的二维码，了解这个产品或者店内的其他产品，您只要回复'产品'两个字，就有电子版的文字内容呈现，买耐消品一时半会儿也做不了决定，还是需要足够多的信息进行比较。"

（3）当消费者表现出感兴趣时，引导消费者将产品图册翻到有二维码和公众号信息的页面，拿出自己的手机给消费者示范，引导消费者关注公众号。

## 二、解决慎重比较，引导比较标准

消费者对某个产品已经表现出了足够多的兴趣，但是消费者表示希望再看看，和其他品牌比较一下，怎么办？

消费者一旦离开门店，行为就无法控制。他希望和哪个品牌比，那个品牌的销售人员会如何引导和影响这个消费者，都将成为购买的变数。对于有购买兴趣的消费者，只有将他设置在自己可控的范围内才能提高购买概率。可以参考的做法是：

（1）选定3~5个自己品牌的对标品牌，将自家的每个产品都在对标品牌中选定对应的竞品。锁定对应的竞品后，在网络上筛选出最适合的竞品页面，将这些页面在收藏夹里面进行编号、分类、收藏。

（2）将这些竞品页面作为标准的培训内容，培训导购如何利用这些页面对自家产品进行分解、比较、提炼。当然，最后的结果是要通过比较，形成有利于我方的选择标准。

（3）每当消费者表示要再去看看的时候，导购人员应该主动引导消费者来到电脑前，根据消费者选定的产品，进行标准化的分解、比较、提炼卖点，形成标准化的导购话术。

## 三、解决买卖不成，留下联系方式

消费者既不愿意关注公众号，也不愿意在店内比较产品时，我们如何才能留下消费者的联系方式，以便二次跟踪？

传统的留下消费者电话的方式，由于越来越多的消费者已经知道了这个套路，有了免疫力，不到迫不得已，决不留电话。利用互联网工具留下联系方式的方法，可以参考的方法如下：

（1）在企业号后台用小程序或者第三方程序，设置一下关注就能返回一个随机数字的功能。

（2）当消费者要离开时，请消费者关注公众号："因为我们近期有一个抽奖免单的活动，只要关注公众号，每个人都能获得一个抽奖编码，凭这个抽奖编码在指定时间能免费抽奖，奖品有免单、现金抵用券及其他赠品。您反正也要买，为什么不试试手气呢？"

（3）消费者多少会贪点小便宜，一定要现场督促消费者关注企业号："您最好现在关注一下，您再把那个返回的编码给我，我帮您登记一下，做一个双重备案。您还可以留个电话，等到抽奖的时候，我再打电话提醒您。"消费者一旦关注企业号，联系方式就有了。

# 第四节　什么是门背后的生意

为什么要在选址这一章节，增加一篇看似和选址没有太大关联的文章？我认为恰恰相反，这一篇才是门店选址当中经销商最容易陷入的误区。

经销商最容易犯的一类投资错误是明明看见某某某在某个地方开店，生意好得货如轮转、客似云来，自己前前后后、左左右右把这个店360度地打量了一番，也没觉得比自己开的店好在哪里。然后不惜重金，依样画葫芦在旁边也开一个同品类的店。结果，不出一个月就感觉自己掉进了坑里。看别人店里人流如织，看自己店前门可罗雀。

是不是价格太高？那就降价！是不是产品不够丰富？咱就增加品类！是不是活动太少？搞促销啊！折腾完基本上钱也花完了，人也折腾皮了，信心也折腾没了，店也该关张了。等到这个经销商偃旗息鼓，下一个自以为更聪明的经销商将这个故事又按部就班地重演一遍。

扎堆开店是不少生意人的一个通病，他们开店的逻辑是：以此类推。

什么叫以此类推？就是别人能赚钱，我当然也能赚钱。但是在这个类推的逻辑下，往往容易忽略前提条件。一些看得到的前提条件还好说，比如资金的多少、形象的好坏、品牌的大小、人员的多少等。但要命的是那些看不到的条件，比如老板的个人能力、门店的社会资源、主销渠道的特殊操作等。而决定一个门店生死的往往是那些看不到的前提条件，而非看得见的条件。

我把那些由看不到的条件决定的生意称为门背后的生意。

## 一、门背后的生态

互联网时代，人人嘴里都喜欢讲“生态”。生态是什么？生态就是大树周边有草原，草原上面有灌木，灌木喂饱牛和羊，牛羊粪便肥草原。生态一定是循环的，而且是互助的。门店要赚钱，也是要在这种生态里找到自己的角色定位。

比如在学校旁边开小卖部，军分区周围一定会有军品店，万达广场里一定会有游戏中心，卡拉OK厅、餐厅、电影院组成吃喝玩乐的生态圈，以及在建材市场外围开快餐店等，都是在为生态做互补。

这样的开店方式，还是在显性的生态里面找定位，相对容易。还有一种在大系统里面找小生态，在这种小生态里面找到自己的定位。

我国中部某省会城市，从儿童家具套房行业转型儿童学习桌椅行业的胡总，她的销售业绩之所以能在公司持续名列前茅，与她充分利用门店所处位置的生态资源分不开。

新华书店是教育相关类产品销售的一个重要渠道。在新华书店这个小生态圈里，书籍、智能玩具、学习机、学习桌椅等各类产品既可能相互争抢位置，形成一定的竞争关系，又可能因为产品的关联性形成一定的协同推广关系。

与其他选择在书城开店的经销商不同的是，胡总的店总是比其他同类门店销售结果好很多。不少同行去她的店里观摩后，自认为自己做老客户，做店外推广，做小区和学校的渗透，不见得比胡总重视程度低、推广力度小，但是在销售结果上，尤其是在日常的销售冲量上，却总有一段不可逾越的鸿沟。

后来，一次培训会上，有其他地区的经销商再次提到这个问题，胡总才和盘托出自己的经营方法。当地的某大型国企每个月都会以图书城购书券的形式，为自己的员工提供福利补贴。根据级别高低，每位员工每个月都有一笔不小的购书券福利。这些购书券可以在图书城直接冲抵现金，作为购书费用。但是，显而易见的是，每个月动辄上千元的购书券，很多员工仅仅用来买书是花不完的。

胡总了解到这个信息后，经过和书城老总协商，把购书券的使用范围扩大到自己的学习桌椅，这些拿着大量购书券的国企员工可以用购书券直接购买学习桌椅。胡总收到这些购书券后，按一定的手续费再与书城进行现金结算，当然这些手续费的费用直接转嫁到了消费者头上。但是拿着购书券的人对这些额外的购物成本是不会太计较的。

更为重要的是，这些大型国企员工都是中高端产品的重要消费人群，对他们转介绍的推动会比其他消费者更精准。如此一来，不仅能带来更多拿着购书券进行消费的人群，也能持续对他们生活圈子的朋友进行二次影响。

## 二、门背后的规则

任何生意都是有特定规则的，熟悉这些规则需要时间，适应这些规则需要成本，尤其是在寡头型的市场里，这些规则是由看得见的那只手在调节。

在《政治经济学》里面有一个重要论断就是市场运行，应该由看得见和看不见的两只手共同调节，才能保持市场的健康、稳定。在门背后的生意里，看得见的那只手就是由寡头型平台的阶段战略所决定的。

正如早期的商超渠道崛起，刚开始，只要企业愿意进驻商超，商场列队欢迎；中期，不是行业的领头品牌很难进，没有大把费用很难进；现在，被电商追着打的商超专供线下品牌。如果经销商不能跟着平台的这个指挥棒转，要想在商超渠道赚钱难上加难。

互联网的世界，寡头型市场的规则成本越来越高，门背后生意的效应也越来越明显。

怎么看待淘宝的规则成本呢？我把淘宝的发展分为五个阶段。第一个阶段是草根品牌发展阶段，也就是2003—2006年，这个阶段的平台生意规则是什么？谁敢吃螃蟹，我就支持谁！

淘宝作为电商的拓荒者，在没有信用基础、品牌背书，甚至网上支付工具还不完善的情况下，要吸引第一批种子客户何其之难。结果，是一帮连正经经销商身份都没有的“二道贩子”，在没有正规渠道和授权产品的前提下，他们从广州的白马或者北京的秀水倒来了各类产品在互联网上开始摸黑前行。

当然，早年的淘宝也需要有人捧场，这批在社会夹缝中求生存的“二道贩子”也就顺理成章地成为淘宝早期流量红利的独享者。这是一个敢在网上倒货就能够赚钱的时代。

2006—2008年，这是淘品牌发展阶段。平台是不断进化的，竞争的生态也是如此。最早一批在淘宝上卖货的店家中，首先意识到品牌、服务、产品重要性的店家脱颖而出，他们无论是在平台的打分规则上，还是在消费者的口碑上都获得了较为有利的地位。而在这一阶段，传统的线下品牌仍然不肯入局，网上销售也仍然被贴着假货、地摊货的标签，为了扭转这一不利局面，淘宝推出了“淘品牌”（也就是今天的天猫原创）。言下之意，你们不肯进来做品牌，那我就自己创品牌。

在这个阶段，只要是符合淘品牌创牌标准的店家，就能获得这个时期的流量红利。这个时候的规则成本已经上升，在淘宝上的时间积累变成了门槛。

2008—2013年，终于迎来了线下品牌发展阶段。其实这个阶段又可以分为两个时期：一个时期是2008—2010年；另一个时期是2011—2013年。前一个时期，虽然淘宝推出了“淘宝商场”（即今天的天猫商城），但在淘宝的流量要不要导流到淘宝商场的问题上，内部其实是有两种声音的。庆幸的是，阿里巴巴做出了正确的预判，而这也成为阿里巴巴扭亏为盈的关键一步。这个阶段，尤其是后期，大量线下优势品牌成为招募入驻的主要对象，在淘宝时期积累的大量流量成了这个阶段能够高速发展的保证。

第一批愿意配合阿里巴巴进驻线上的传统线下品牌，尤其是优势品牌，获得了天猫商城优势流量的红利。此时，淘品牌被阿里巴巴抛弃之声不绝于耳，其实这并不能怪阿里巴巴，只是这个阶段的规则成本已经发生了变化。

如果顺利，随着消费升级趋势的到来，海外品牌的产品可以在中国有一波销售高潮，也就是2013—2018年的海外品牌发展阶段。对于平台来说，当国内品牌的产品在网上销售停滞不前的时候，把海外品牌的产品作为一个新的销售增长点是必然选择。海外淘的出现，正是顺应了这种趋势。只是人算不如天算，2013年以后，全球都面临着经济下行的压力，国际贸易可想而知，国内投资信心不足，留住国内消费者的重要性对国家而言可想而知。那些想用单纯的价格优势来冲击国内市场的海外品牌，在从邮寄包裹的抽检到全检的攻势之下，价格优势荡然无存。

所以，海外品牌虽然曾经得到过一定的流量红利，但由于大的经济环境的变化，海外品牌发展阶段的孕育并不充分。但是，这个阶段网上开店赚钱的逻辑已经变了，洋标签的门店会有更多的机会，规则成本又一次发生了变化。

本来，还有一个奢侈品牌发展阶段，也就是2018年以后。马云要加入国际打假联盟，就是为了这个阶段做铺垫。当然，因为海外品牌的发展阶段并不充分，奢侈品牌的流量红利阶段也并未如期到来。

寡头型市场里面，了解平台规则的变动是做好门背后生意的关键。

因为规则的变动就代表了指挥棒的方向。

## 三、门背后的资源

我一直强调，我们今天的创业，资源型创业的占比还是最高的。什么是资源？其实最重要的资源，就是老板个人的社会资源，一个门店能不能存活下来，老板个人的资源能力至少占到50%以上的关系。

我们随便调查一下，就能发现很多做家居建材的经销商是从厂家人员转型过来的，而且做得好的经销商，大部分都有自己的独家资源。而那些把自己的资源最大化的经销商，早已经成了当地的门户经销商。

北方某省会城市，有一家远近闻名的视力矫正机构。说是一家视力矫正机构，它的主赢利模式其实仍然是产品代理。只不过为了实现销售，这家经销商构建一个相当精准的消费场景，并聘请了大量眼科专家和专业人员为这个消费场景服务。

当然，要成为该省会城市所有中小学生每年定期检测的视力检测机构，需要一些社会资源和公关手段。但是具有这种社会资源和公关手段的经销商中，只有这个经销商尝试进行了消费场景的构建，正是这个消费场景为他带来了源源不断的精准客流。

在当地市场的十多年精耕细作，经销商一方面积累了大量的学校资源和用户信息，另一方面也通过场景构建，完全避开了正面的价格竞争。每年两个开学季，该城市的中小学生会在学校的建议下，分地区、分学校、分班级陆续来到该机构进行视力年度检测。而检测流程包括信息填写——视力矫正——学姿矫正——信息反馈，整个流程并不包括任何销售动作。在整个检测过程中，代理的产品就是专业演示的工具，比如握笔矫姿器、近视控制镜、矫姿学习桌椅，每个过程让学生及家长自己去感受正确与错误的差别，有效果和没效果的差别。

在视力矫正过程中建立每一类产品的消费场景，然后让具有痛点的孩子和家长亲身体验。在具有极强封闭性的销售场景中，从检测到体验、销售、售后跟踪，再到视力跟踪和行为复检，整个销售动作一气呵成，形成了一个完美的闭环。

也正是靠着这样一套完整的销售场景，经销商仅镜片业务的销售额每年就超过 1 亿元，这还不包括其他品类的产品。

## 四、门背后的渠道

非零业务在家居建材行业称为工程业务或者是隐性渠道。耐消品的产品特性决定了这种产品不仅可以做 2C 业务，也可以做 2B 业务，甚至也有开着零售门店，专干 2B 业务的经销商。有些门店即使只卖 2C 的产品，也有可能是工程业务的供应商。

比如在某个冷冷清清的建材市场，一个暖通门店开了三四年。从逻辑上推理，如果不赚钱，这个店不可能支撑三四年，如果按这个逻辑，也去旁边开个暖通店，九死一生的概率非常大。因为人家这个店不可能是靠上门生意活着，老板门背后的生意，是靠着和周边的地板店、陶瓷店、油漆店等各类异业门店的联盟，靠着自己的朋友圈子接单卖货。你看不见的交易不等于不存在的交易。

比如开在公路边的五金店，虽然产品与其他五金店并无二致，但是店里基本无人看守。你敢去这样的位置开店吗？也许店里的产品主要是通过给附近几个村的村民开展水电维修和更换设备进行消化。这种门背后的生意就是发现了，我们也未必能做得了。

# 第五节　判断商圈价值的简易方法

我们介绍过，耐消品的开店位置，正在经历一个从扎堆销售向分散化经营的过程。除了在大卖场，社区店、县城乡镇店的价值会越来越大。在这些地方，租金的高低与商圈的价值成正比。如何评价门店商圈的价值也就成为经销商面临的第一个问题。

我在前面说过，未来耐消品的门店位置会有三个趋势，一个是追随热衷造城的吃喝玩乐文娱综合体一类的大卖场，一个是逼近社区的社区店，再一个是下沉到五、六级县乡镇的专卖店。比较而言，大卖场和社区店是比较典型的陌生人社会，对商圈价值的判断会更依赖于位置，而乡镇专卖店偏重于熟人社会，对位置的依赖较小。

今天，我们仅就卖场店和社区店两种模式的商圈价值判断做一些方法介绍。

## 一、文娱综合体型的大卖场

### （一）地段名

虽然现在我们的城市建设发展很快，但是不难发现，在大部分城市中依然保留着人民路、建设路、青年路、光荣路这样老传统的路名，而标有这些路名的地段无一不是该座城市最早的城市中心，俗称为老城区。

位于这些道路上的中心大卖场租金居高不下，但是卖场人流量被分流的事实也越来越明显。

去中心化的城市布局，将加快城郊区域的中心化建设，而随着家庭汽车的普及，中心化的人流量会趋于分散。更宽阔的道路、更大面积的停车场、更具性价比的铺租，将是去中心化格局下卖场的最大竞争力。

所以，判断一个卖场的价值，可以从路名来看。位于传统路名上的大卖场，因为位于闹市区，大面积翻新的难度越来越大，导致内部装修和设施进一步老化，因为城市边界的扩展，人流量会进一步分散。

而那些以城市新的地标性景点命名的道路，在未来城市的规划中肯定是当地政府强力打造的新市中心。从各个地方政府办公楼搬迁的新址就可以发现这个趋势。

### （二）外卖骑手的集中度

随着吃喝玩乐综合体的发展，不同行业之间的相互引流作用越来越明显。尤其是吃喝门店的刚性需求成为综合体引流的重要利器。对于某些大牌餐饮店，卖场也会以特殊政策进行招商引资，这也是卖场引流的重要手段。

但是，这个地段有没有真正地旺起来，衡量指标不是有多少大品牌的门店进驻，而是与这些毫不相关的一个指标：美团、饿了么等订餐平台的骑手集中度！

为什么是这个指标呢？我们稍微留意一下可以发现，外卖小哥抢订单，不会傻傻地坐在家里等，而是在出单量最大的地方去等生意，这样才能做到最大限度地节省路上时间，赚更多的钱。这些线上出单量很大的店，说明了这些店的推广已经覆盖了一定的消费人群。

但是提醒注意的是：是一些店，而不是某一个店。某个网红店的订单量大小，与卖场的人气没有绝对关系。

我们要判断一个综合体的人流量有没有起来，可以看一看这个新型卖场里绝大多数的餐饮店在线上的点单量大不大。点单量大，说明整个卖场的推广已经很成熟，点单量小，说明卖场的推广还没有起来。而点单量的大小又与骑手的集中度有直接关系。

有人有疑问：线上的订单量大，不是说明了被分走的人流量更大么？

各位！外卖骑手集中度是用来判断不断崛起的新的城市中心里大型综合体的人流量有没有起来。综合体最大的价值是吃喝玩乐一体化，除了吃喝，还有玩乐。网上曝出那么多没有实体门店餐饮店的黑幕，已经教会消费者要眼见为实。吃喝玩乐互带流量，已经是一个不争的事实。线上流量大的地方，线下流量难道会差？

### （三）卖场的人流量及周边配套

测量卖场的人流量当然是一个最直接的方法，但是站在卖场不同位置，分时段测量进出人员的数量，然后再平均、再推算，不仅耗时耗力，也不符合经销商的工作习惯。判断卖场人流量有没有更直接的方法呢？

卖场在投资初期是有商圈测试报告的，但是这个报告的数据基本只能做参考，因为它代表了商场的投资预期。管理比较好的卖场，也会定期进行卖场的人流量测试，但是这个数据报告的结果，商场一般也不会给你。

求人不如求己。现在绝大多数人都有智能手机，微信上的很多功能平时可能没有注意。要了解卖场的人气，微信的后台小程序也许能帮上忙。

直接在微信中“我－钱包－吃喝玩乐”中，也就是进入“大众点评”的小程序，点击进入“全部分类”汇总查看“购物”，查看“附近商场”，你所在城市的主要卖场都能看到。在这个类目中，所处城市卖场的评价条数、消费均价、所处位置都能看到。

过去，我们只能看到平台上针对某个消费门店的评价，而对卖场整体的评价就比较零散。微信后台的“吃喝玩乐”，对当地主要大型卖场的评价都有收录。卖场评价条数基本反映了该卖场在当地的人流量。

当然，判断一个卖场的位置有没有升值潜力，还有一个外化指标，就是公交、地铁线路的数量。这是衡量一个卖场交通便利与否的重要指标。

越是偏僻的地方，公交、地铁设置的站数越少；越是人口密集的地方，公交、地铁的站数就越多，这个道理大家都懂。到某个卖场，看看公交站，走走地铁口，可以很快发现到底有多少条公交和地铁线路，但这个意义不大，因为没有比较。只了解有多少条公交、地铁线路容易，但是要快速发现城市中心的变化，完全依靠实地走访，显然有些不切实际。

微信后台的“吃喝玩乐”，同样可以看到卖场周边的交通情况。周边公交站点的多寡是城市配套是否完备的主要标志。越繁华的地方，政府的配套布局才会越完备。公交和地铁站点的设置，可以对人流量的大小产生直接影响，有些城市的大卖场甚至还设有公交专线。

一座城市，到底哪里才是未来的城市中心？不是在地产商的宣传海报里，而是在政府实际落地的政策倾斜中。

## 二、社区店

### （一）用耗电量判断小区的真实入住率

2017 年开始，以广东为龙头的电力改革已经在改变电力供需的格局。一批以民营资本为主的电力销售公司成为电力能源改革的突破口。这些民营的电力公司成为发电厂和各用电单位之间的缓冲器。

对于社区单位，电力公司会以年度为单位与社区签订合同，然后再向供电公司购买月度计划。如果电力公司的用电量不足或者超出购买量的一定比例，都需要向供电公司缴纳一定金额的罚款。但是如果使用量在购买量的合理波动范围内，电力公司从供电公司结算的电价将极具竞争力。这也是电力公司赢利的根本。

正因为有经济利益刺激，电力公司在与社区单位签订购电合同时，会将这种压力传导给社区。社区的合同数据越准确，获得的电价就越便宜，社区自然就有意愿挨家挨户地排查最真实的入住率。谁家有人，谁家没人，谁家一个月用多少度电，这个数据是最准确的。

这个数据在谁手里？物业和民营的电力公司都有。当然，由于这场电力改革是从广东开始的，全国的推广速度还很慢，其他省份推行的电力改革，现在更多是流于形式。但是，电力改革一定是大势所趋，未来社区的真实入住率会越来越准。

现在有些经销商判断社区的入住率，是通过晚上的亮灯率，一家一家地数，或者是看每家电表的转动情况，这些做法不仅数据不准，而且麻烦，但也是不得已而为之的办法。

### （二）用社区快消品铺面的换手率判断消费能力

社区店的商业价值，在于社区居民的消费能力。但如何知道居民的消费能力？我们既不能扒人家窗户，也不能看人家的存折。选择社区店进驻，到底应该怎么看？

应该有不少人知道一个系数，这个系数叫恩格尔系数。这是 19 世纪德国统计学家恩格尔根据统计资料对消费结构的变化得出的一个规律性结论。就是食品的支出占家庭收入的多少，与家庭的总收入成反比。说明“吃”和“吃什么”直接反映了居民的家庭收入情况，这在社区价值的判断中同样适用。

怎么用呢？快消品的铺面经营情况是最快反映小区实际消费能力的

指标。因为这些产品一旦动销不足，经营就会发生问题。但是耐消品门店的老板可能基于培养客户的意图，反应速度肯定不如快消品门店老板。快消品门店老板能最快知道这个门面有没有继续撑下去的必要，以服务升级为主的社区快消品店反射弧最短。

比如社区的便利店以便利为主，价格会比超市略高一点，消费能力弱的居民宁愿去超市。社区内的餐馆，属于弹性需求，消费意识比较差的小区，也很难存活。这些门店的换手率自然会高。这两类门店在小区里基本是标配，也比较容易发现。

换手率的高低，可以直接问店老板，但是店老板一般只能告诉你上一次换手的时间。这个时候，还可以去问一问社区的老保安。先问一问保安在这个小区的工作年限，再问一问隔壁门店换手的情况。

### （三）用车库的进出量判断居民的消费习惯

中国的大城市有一个特点，就是平时人流如织，车水马龙，一到春节就成了一座空城。这是因为以外来人口为主的大城市居民，到了年节都要回老家，再远也要回家，回家过年肯定比留在当地过年花销大，这就是一股消费潮流的转向，也是一种消费习惯。

一般来说，晚上最容易看出这个小区的车库真实保有量。但是在周六、周日和节假日，社区车库车辆数量的变化最能反映出居民的消费习惯：是倾向于外出型的活动多，还是居家过日子的多。

消费能力强的小区，不仅从小区车库里停放的车辆品牌看得出，从小区车辆节假日外出活动的比例也能看出端倪。外出活动比较多的小区，消费习惯是偏向于享受型的，消费意愿也比较开放，小区的档次相对较高；外出活动比较少的小区，小区比较老旧，居民的消费意愿也倾向于保守。

# 第六节　改变位置劣势，让店旺起来

商业地产的回归理性，从地产广告的噱头就能看出端倪。过去动辄“一铺养三代”的口号今天已悄然撤下了案头，而这背后映射的正是实体门店位置选择从“地段思维”到“流量思维”的变化。

在互联网大行其道的今天，实体门店开在哪里似乎越来越不重要。即使是以“一逛、二比、三购买”为主的耐消品，也不一定选择扎堆销售，只要有足够的引流手段，巷子深点就深点，怕什么呢?

过去，在建材市场位置选择上，大多数经销商都遵循“金角银边铜肚皮”的原则。但是随着各类建材市场整体人流量的下降，“金角银边”也不见得比“铜肚皮”好到哪里。传统选择位置的方法在失灵，不换脑子就换老板，这就是市场进化的结果。

当然，我们并不是说好地段不值得投资。而是要表明，躺在好地段上赚钱的日子已经一去不复返了。对于没有处在好位置的经销商，在今天的竞争环境下，竞争的难度不是增加了，而是降低了。毕竟二万五千里长征，你已经先行一步，渡过了金沙江。

另一方面，改变位置的劣势不仅仅是位置不好的经销商需要考虑的问题，占得好位置的经销商如今也不能一劳永逸了。人流在哪里，门店的触角就应该伸向哪里，这是所有门店需要面临的共同问题。

选择位置是一回事，位置不好，先天不足，怎么办？这就像算命先生经常会碰到的问题：大师，我生辰八字已经这样了，能不能给我改改命？当然，我们这不是算命摸骨玩玄学，而是要实实在在从生意的角度出发，说一说如何扬长避短，提高人流量，增加销售额。

今天，我仅从“物、人、域、类”四个方面阐述如何改变位置劣势，让门店旺起来。

## 一、用助销物料改变位置劣势

传统使用助销物料改变位置劣势的方法，主要是刺激消费者的眼（比如夸张的门头、包柱等）、耳（比如播放高分贝音乐等）、口（比如试吃等）、鼻（比如星巴克的咖啡香味等）、手（比如雇人发放小礼品等）来引起消费者的注意。

今天的助销物料不仅在种类上更加丰富，在形式上也更加多样。互联网工具将视觉、听觉、味觉、嗅觉、触觉这“五觉”送达的范围进行了延伸。以美团为代表的O2O本地化模式，事实上在用另一种模式来分配位置，也就是线上用户好评越多的门店越容易被推荐到更好的页面位置上去。门店的“五觉”虽然在互联网的表现形式上受到了一些限制，但是传播范围的扩大，把实体店位置因素的影响缩到了最小。

虽然今天的美团还是以快消品为主，但是未来一定会出现类似美团的以耐消品为主的本地化线上入口。助销物料（互联网）要发挥最大价值，未来耐消品的消费，一定是“上下上下”模式，也就是基本按照“线上搜索、线下体验、线上支付、线下服务”的消费轨迹。

换一句话说，以互联网为助销物料的经销商，当未来出现类似美团的本地化入口时，耐消品的经销商，如果不敢大胆尝试的话，在互联网的世界里，实体店的位置就会越来越偏僻。

## 二、用助销动作改变位置劣势

助销物料是死的，人是活的。助销物料对位置改变的帮助大小取决于人的主观能动性发挥的多少。同样一支笔，在小学生手上写出来的字可能歪歪扭扭，在硬笔书法家的手上写出来的字就俊秀飘逸。

我儿子两岁那年，家里要添购一些电器，我们一家三口就去了当地的国美卖场。一楼以小家电和手机产品为主，人流量相对较大。二楼是大家电，由于位置问题，二楼的人气明显没有一楼旺。

我们一家三口逛完一楼，沿着楼梯往上走，刚到楼梯口，就看到离楼梯口不远处，有个某家电品牌的公仔扮偶人员正拿着气球向我儿子招手。两岁的小孩哪能经受气球的诱惑，拼命地甩开我们的手，就向气球奔去，我和爱人也只能跟着小孩往前走。

公仔扮偶人员不失时机地往前迎过来，顺手递上气球，并立马用胖乎乎的公仔扮偶身体和我儿子来了个熊抱。小孩子高兴极了，抓着公仔扮偶的尾巴就跟着这个助销人员往前走，扮偶人员装作笨重的样子在前面慢走，我儿子咯咯笑地跟在后面追。还没等我们反应过来，这个公仔扮偶人员就把我儿子引到了这家品牌电器的店前。当然，正如大家所料，我们两口子也只能跟着亦步亦趋地来到品牌店门前，在这家店热情洋溢的服务中，我们在这家门店下了单。

当我回头看这家店的位置时，我才发现，这家店的位置正好处在电梯的背面，应该说是整层二楼位置最不好的地方。如果没有扮偶人员的引导，我们沿着过道一路走过去，中途被其他品牌拦截的概率非常大。正是因为扮偶人员主动出击，位置的劣势得到了一定的弥补。

这里涉及一个问题，就是助销动作的设计。如果这个公仔扮偶人员只是例行公事地给小孩发气球，然后再例行公事地摆几个“卡哇伊”的动作，销售结果肯定大为不同。但是加入了发完气球后与小孩子的互动，尤其是主动引导进店这个动作，将助销物料的截和作用进行了一次有效的展示。

我在经销商的课堂上，对助销物料的使用设计就提出过“PMP 原则”。其基本的逻辑是每个助销物料的使用要实现基本的价值，至少要依据“PMP 原则”，为每一件助销物料设计出一个使用场所（Place）、一个使用技巧（Method）和一个使用目的（Purpose）。当一件助销物料出现在特定场所，助销人员就应该使用特定技巧来实现特定的目的。

比如公仔扮偶这种物料的使用场所（Place）应该在哪儿？有人说是店外，我觉得这过于笼统。应该说是店外 5 ~ 10 米的距离，它是用来延伸店铺气场范围的。

它的目的（Purpose）是什么？有人说是吸引人气，我觉得还是过于笼统，应该说是增加门店的进店率。成不成交不由它负责，但是把人带到店里来，它得担负起这个责任。

它的技巧（Method）呢？有人说是互动，我觉得还是不够精确，更细化一点，应该是与有家长同行的小孩子互动。

最后，公仔扮偶的“PMP 原则”就是：在门店 5 ~ 10 米的范围内，通过与有家长同行的小孩子互动，完成消费者的进店数量指标。

其实，每一件促销物料的使用动作，都应该按照“PMP 原则”进行整理，助销物料的使用和投入才能最大限度地减少浪费。

## 三、选择新的差异化位置

我们前面提到过，传统卖场位置的选择可以按照“金角银边铜肚皮”的标准。对于耐消品，消费者需要对不同品牌的产品进行多次比较，扎堆集中式销售，成为家电、家具、建材产品的主要开店模式。但好位置总有限，好市场总有限。如果好位置拿不到，好市场进不去，那我们有没有其他选择？

方法是用来创造的，困难是用来克服的。任何一种模式走到极致以后，必然会出现一种与它截然相反的模式并大受追捧。耐消品的位置选择标准其实也在遵循这种发展轨迹。

儿童学习桌椅属于耐消品，在百货卖场扎堆销售的特点也非常明显。“2 平方米”作为学习桌椅的后起品牌，面对百货卖场的儿童用品区已经被行业中的护童、大将作、康朴乐等大品牌牢牢占领，在卖场位置的选择上非常被动。经销商在进行进场谈判时，市场管理方要么以卖场位置不够，要么以品牌数量太多为由拒绝进场。经销商的入场谈判非常艰难。

鉴于这种现状，“2 平方米”调整了进场选择的位置思路。从要扎堆进入卖场的学习用品区，到专门针对卖场的过道位置的设计装修方案，以选择进驻卖场过道位置为主。这样一来，既减少了当地经销商进场谈判的难度，还形成了“2 平方米”独有的位置特征，强调了“2 平方米”产品小而精的特征，强化了消费者在过道就能发现消费的乐趣。

没有永远的好位置，也没有永远的烂位置。人流在发生变化，消费者习惯也在发生变化，靠位置制胜未必能胜，靠创新制胜才能找到更多的出路。

## 四、进入新的品类

我们对事物的结论，既是由自己所处的位置，也是由被评价对象所处的位置决定的。位置不同、角度不同，结论大相径庭。

一个人在社会中可以担负不同的角色。在家里是妈妈，在路上可能是女司机，在单位可能是女强人，在万达广场是消费者，在旅行团里是游客。身份不同的时候，她所担负的责任就不同，她解决问题的方式就会有差别。这个道理用在门店位置的选择上同样适用。

比如灯具产品应该属于什么类目？熟悉灯具的人知道，灯具可以属于建材产品类，也可以属于电器产品类，当然如果需要，也可以划分到家居产品的类目。什么意思呢？因为耐消品倾向于扎堆销售，这导致销售的位置寸土寸金。一旦进入不到相同的类目中去，似乎就有被抛弃的危险。这也会导致某些人死脑筋，容易一条道走到黑。

某箱包一线品牌，在国内各大电商平台上的销量一直稳居前列。但是在2016年，国内某家巨头电商平台内部人员调整，调过来负责箱包类目的新总监对这个国内箱包品牌的态度一直是横挑鼻子竖挑眼，一句话，就是看不惯。平台对该品牌的扶持力度不仅大不如前，甚至还会莫名其妙地进行处罚。后来居然找了个理由，对店内的几款热销产品直接做了下架处理，这对备有大量库存的企业可是个致命伤害。

这下可把这家箱包企业的老板急坏了。老板带着副总试图通过多种关系和渠道与电商平台的新总监改善关系，结果这位新总监以各种理由避而不见。这位老板把能够调动的资源都调动了，结果恢复上架的事情还是没有眉目。看起来，这个箱包品牌在这家电商平台销售的日子似乎到头了。

最后，老板和副总一合计，与其一条道走到黑，不如换一个思路。箱包类目不是上不去了吗？上不去就干脆别上了。通过朋友指点，他们发现箱包原来不仅可以在箱包类目销售，还可以在户外产品类目、电脑配件类目上架销售。于是他们直接通过正常程序申请，开始进驻这两个类目上架销售。由于该品牌属于国内一线品牌，本身就具有一定的消费者基础，而户外类目、电脑配件类目的负责人根据热销指数对该品牌的推荐力度不断加大，销量也很快就恢复了。后来箱包类目的负责人看到户外类目、电脑配件类目的箱包销售比自己类目的还火，又主动邀请该品牌重新上架。

进入新类目，其实是变相开发了一个新渠道。当扎堆的位置进不去的时候，我们如果能换一种思路，也许就换了一片天地。

# 第二章

## 产品，从依赖品牌到掌控产品

## 第一节　互联网时代，经销商的选择大于努力

三十年前，经销商手头攒着个好产品，肯定轻松赚大钱；二十年前，门面上代理个好品牌，日子过得也很滋润；如今品牌式微，平台兴起，做淘宝、社交电商，中间商们也能日进斗金，年销过亿。今天，似乎有没有产品和品牌不是关键，能不能进入一个好行业才是王道。

当然，是否只要选对一个行业就能赚钱？答案显而易见。做微商的，也有亏得血本无归的经销商；传统行业的经销商，也有做得风生水起的。只是从概率上来说，新模式、新行业比传统行业的机会更多，而这就是经销商发展的空间。

如果既能够进入一个朝阳行业（好行业），还能在这个行业里抓住一个头部品牌（好品牌），再加上经销商挑选品类的经验（好产品），成为现实版的“三好经销商”不就 Perfect（完美）了？

但是对于经销商来说，麻烦的是如何发现传说中的“好产品、好品牌、好行业”。一个经销商从小到大、从弱到强，到底要抓住哪些关键点才能蜕变重生呢？从选品、选牌到选行业，有什么规律性的、模型式的、套路样的经验可以参考呢？

## 一、什么是好品牌（B-Brand）——渠道匹配原则

在一个行业里面，一般都有一个大品牌阵营，行业里面的前几位都处在这个阵营里。不少经销商认为，只要是大品牌就是好品牌。当我们有这个念头的时候，就已经开始往陷阱里钻了。

为什么这么说呢？因为经销商对于企业，就是渠道的类型之一。企业开发这个经销商，其实就是要利用经销商的渠道优势发展自己。如果经销商进入了一个企业资源优势较少的渠道，合作起来肯定是经销商拖着企业走。而经销商想快速发展，只有选择成为品牌企业最强那个渠道里的经销商，这样才能借势发展，相互受益。但是不少经销商没有想清楚这个问题，稀里糊涂就走进了误区。

一个行业里，尤其是耐消品行业，之所以能够有几个品牌同时挤进第一阵营，一定是各有所长。这里面就包含了各个品牌在不同渠道里面的能力差别。比如有的品牌擅长专卖零售，有的品牌擅长百货商超，有的擅长设计师、设计院渠道对接，有的擅长直接对公的 2B 业务，不一而足。品牌擅长的渠道不同，企业的资源积累自然会有差异，配合起来也是失之毫厘，谬以千里。

一般来说，一个企业在各个渠道都很强的情况极其少见，这就像学生时代，每个科目都是顶尖的学生是很少的。我们常说，上帝是公平的，为我们关上一扇门，一定会为我们留下一扇窗。行业里的大品牌多半都有自己相对短板的渠道，也有自己资源丰富的渠道。经销商选择品牌，首先要注意的是和自己的渠道资源与渠道经历相匹配的品牌才是适合自己的好品牌。

以照明品牌为例。如果我们没有其他社会资源，但是占据了一个巨大客流量的旺店位置，这个时候我们接品牌，肯定优先选择那些专卖店

渠道卖得最好的品牌，比如欧普照明。或者我就是建筑公司出身，结交有大把的设计师和设计院的负责人，而我自身又没有什么零售经验，选择品牌时，优先选择在隐性渠道发展迅猛的雷士照明更有机会。如果我既没有旺店位置，又缺乏社会关系，但是手头有很多合作过的五金小店的资源，选择木林森照明，可能在渠道资源上更加匹配。了解行业，了解品牌，其实是非常重要的一项工作。

## 二、什么是好行业（I-Industry）——大数据原则

什么是好行业？我觉得至少有两类。一类是行业容量目前虽然不大，但行业前景好，处于快速发展的行业；另一类是行业整体容量大，虽然成熟但仍然形成周期性的增长。经销商能够接触到这两类行业的头部企业，称得上是一个机会。

判断一个行业的发展是好还是坏，一两个经销商的销售情况肯定是不足以反映全貌的。但是在互联网面前，在大数据面前，无论是行业的发展趋势，还是市场的容量，都能够看得一清二楚。现在很多人骂百度收钱给莆田系医院做帮凶，为骗子网络钓鱼提供平台，但是不知道百度这些年其实还是踏踏实实做了很多基础研究和建设的，包括无人技术的研究，包括大数据的积累。

比如经销商要看看自己准备进入的行业到底是处于什么状况，借助百度指数就能一览概况。更为重要的是，现在很多类似的工具使用都是免费的。

以智能锁这个行业为例，在近十年的发展趋势中，搜索量在 2014 年有一个明显的迎风坡面，2017 年又有一次明显的搜索提升，这种增长趋势与智能锁具行业的整体销售势头是完全吻合的（如图 2－1 所

示）。也就是说，这个产品的成长和成熟，都能够及时反映在百度搜索指数的变化上。当然，除了判断这个行业趋势，还可以推测这个行业目前的整体容量情况，从峰值来看，智能锁搜索指数还是偏低的，只有1227。说明这是一个成长型的品类，但是目前整体容量还偏小。

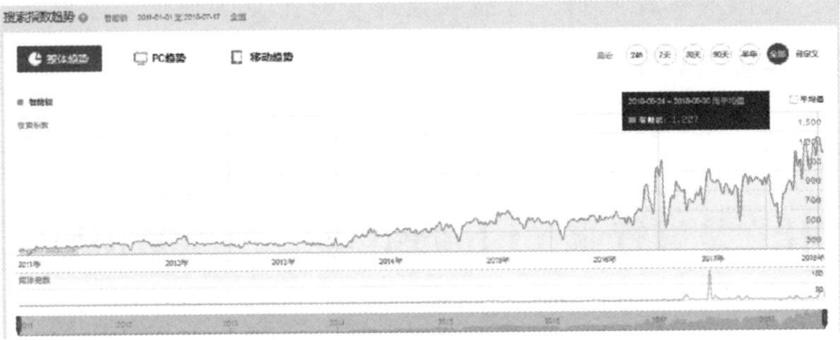


**图 2－1　智能锁搜索指数**

这种判断从另一个成熟行业的产品——空调也可以进行判断（如图 2－2 所示）。空调的搜索指数多年来形成稳定性的周期趋势，一年之中，中间大，两头小。虽然 2018 年相较于 2011 年搜索峰值有了较大上升，但应该主要得益于近几年上网人数激增。

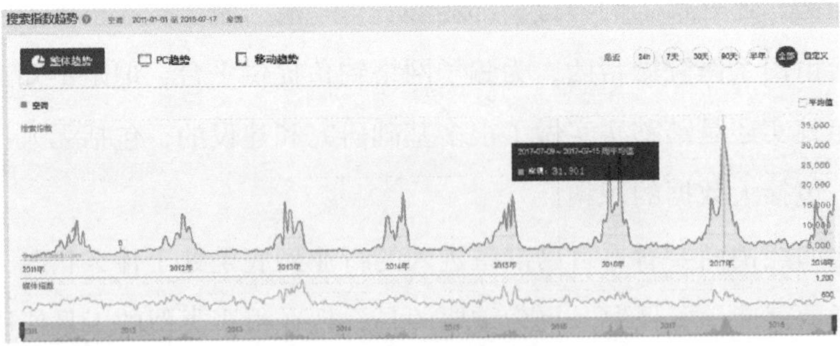


**图 2－2　空调搜索指数**

从市场容量看，空调的搜索峰值为 31901，作为成熟的行业，空调现在的市场容量应该远远高于智能锁具行业。

## 三、什么是好产品（P-Product）——真金白银原则

互联网时代，我们判断一个产品的好坏，不仅要有自己的认知，也要有别人的评价；不仅要有线下的声音，也要看看线上的反应。

经销商接新品，这个新品到底能不能火，能不能卖？要解决这个问题，经销商首先要过自己这一关。

韶关品轩商贸的邓总，是做学生用品的经销商。每次遇到新品，他的第一个工作是跑到其他城市，看其他城市的经销商如何卖。取完经以后，最重要的一件事就是让自己做判断，看自己愿不愿意花真金白银，用零售价买下这个产品，给自家的孩子用。如果自己都不愿意花这个价钱买来用，至少这个产品还不足以打动自己。

当然，经销商不愿意买产品还不能判断出这是不是一个好产品。因为经销商可能属于消费能力更高一级的人群，也可能经销商不属于这个产品的目标人群，所以不愿意买。这个时候，经销商的购买行为就不具有代表性。

经销商接下来要测试的，就是按产品限定的目标人群，寻找身边符合这个条件的亲人、朋友、同学等熟人 5 ~ 10 个，看他们愿不愿意花真金白银买这个产品。向他们销售时，一定要记得说这句话：你别因为我找你推销，你就掏钱，因为你这可能害了我；你只有真需要这个产品，你再掏钱，你这才是真的在帮我！

当然，为了感谢亲人、朋友、同学等熟人的热情参与，无论成不成交，都要给些礼物，但是一定不要用低价来促成交易。

当然，这种做法的数据量偏少，往往结果偏差较大。

湖南常德金友文化的老板，对新品引进的测试方法更直接，当然成本也更高。

由于金友文化的门店紧挨着当地一所知名的公立小学，老板在这个学校的资源非常丰富。每次新品测试，他都会联合学校老师，邀请一定数量的适龄学生，在家长的带领下领取一张新品等值金额的购物券，这张购物券不找零，不兑现，只能一次性使用，家长和小孩可以在店里随机采购。

在测试时，新品都会放在最显眼的地方，确保每一位消费者都能看到，店员也会进行有目的的引导。最后形成的采购清单有多少新品入选，将成为新品引进的依据。

线下消费者购买的数据，可能还不足以说明新品的火爆。如果加上线上的购买数据，就更完美了。

现在还是有相当一部分经销商没有触网。即使做了电商，很多数据工具也没有用。即使用了，也只是看看汇总数据，很多工具的深度挖掘功能也没使用。那么，有没有不花钱，甚至少花钱，还能看得到的新品数据？

现在互联网如此发达，经销商做新品判断，在不需要确数，只需要概数的情况下，其实有一些免费工具可以用，包括很多互联网平台的数据。

（1）在淘宝、京东等电商的主流平台上，搜索相关关键字、产品名、品牌名，甚至利用类似淘宝的“拍立淘”的功能，就能看到该类产品在线上的店家数量、产品数量、价格范围、销量情况等，比如淘宝店家有多少、天猫店有多少，哪家店卖得最好，哪个价格段的产品卖得最好，相关的竞品和品牌是哪些。

（2）在互联网上也有一些免费的指数工具，能够进行相关产品搜索和销售趋势监测。比如现在比较火的微信指数。当然，微信指数发展时间比较短，对于更前一些的数据，可以参考百度指数或者是 ALEXA 指数。

品牌（B-Brand）、行业（I-Industry）、产品（P-Product），对于经销商来说，这三个要素，哪一个重要？当然，三个要素都有的话，那是两个王加四个二，经销商赢牌的概率最大。但是比较起来，经销商选择哪个品牌（B-Brand）是第一位的。因为品牌决定了渠道模式，经销商最大的资源就是渠道，如果核心资源和品牌不匹配，两者合作起来就会非常别扭，即使是好产品也卖不动，即使是好行业也亏钱。

除了品牌，第二位的因素应该是行业（I-Industry），如果行业属于夕阳产业，经销商再努力，也是逆水行舟。我们常挂在嘴边的产品（P-Product），反而在整体选择策略上是最不重要的。

这三者合起来就是我们常说的经销商选品模型的 BIP 模式，也叫作“大 IP”（即 Big IP）模式，这里面有个先后顺序，即品牌、行业、产品。

怎么理解这句话呢？就是不能因为觉得某个行业好，就一脚踏进去，而是要先看看这个行业里面有没有和你的渠道资源相匹配的品牌，品牌先于行业。或者说，不能说看到某个产品不错，就心生欢喜，不管不顾这个行业的整体趋势，而是先干了再说。

经销商在方向选择上凭感觉不一定错，但大概率地做会比较辛苦。

## 第二节　选品定价，经销商如何推高卖贵

从理论上来讲，经销商应该卖高价还是低价，这是个伪命题。

经销商不是应该遵守企业的统一定价，保护市场的价格秩序吗？

但国内大部分行业都已经市场化，在《反垄断法》中，限定向第三人转售商品的最低价格属违法行为，可是白纸黑字写得清清楚楚的。换句话说，企业以价格条款限定经销商的最低零售价本身就不受法律保护。厂商钱货两清以后，产品的所有权就转移到了经销商手上，要卖给谁、以什么价格卖，这是经销商的事，和厂家没有多少关系。

我参加一家家具企业的年会，会上，年度的全国销售冠军经销商上台分享成功经验。这位东北的经销商很善谈，不仅对产品和行业有自己的见解，对在刺刀见红的零售卖场里如何虎口夺食也有自己的一套理论。现场，台上的分享者眉飞色舞，台下的聆听者热血沸腾。

在分享接近尾声时，企业的老板临时有事，走出了会场。台上的东北经销商瞅到这个空当，话锋一转：说一千，道一万，你对行业再熟，你的销售技巧再好，都不如直接给消费者实惠，更有说服力。在一个卖场里，我们和竞争对手的门店就是头碰头、脚挨脚，消费者就这么多，不是买你家的，就是买他家的。咱们家多卖一套，别人家就少卖一套，现在产品同质化这么严重，我们凭什么能成为这个卖场销量最好的？说到底，价格是关键！只有让别人家一张椅子都卖不出，从战术到战略彻底把竞争对手打垮，我们才有活下来的可能。

所以，我在这里最后告诉大家一个最重要的策略，就是不要死守价格，要有量！有量，才有市场份额。守着再高的利润，到头来饿死的还是自己！

此话一说，场下掌声雷动！

当然，故事远没有结束。东北经销商的这番言论最后肯定传到了企业老板的耳朵里。

在后来的一次座谈中，他婉转地提出了优秀经销商低价问题："黄老师，对于这些卖低价的优秀经销商，我该怎么处理他们？"

我说：“她是你现在卖得最好的经销商吗？”

“是啊！”

“她卖低价，找你要补贴了吗？”

“暂时还没有！”

“她扰乱了当地市场的价格秩序吗？”

“嗯……当地就她一个经销商！”

“她现在的销量对你重要吗？”

“算是重要的吧，而且她现在是我们的标杆！”

“如果换掉她，你能找到比她更好的经销商吗？”

“应该比较难！”

“经销商卖低价，还没找你要一分钱的支持，其实最受益的是企业。在当地市场能做到 NO.1，至少说明她的销售能力是很强的。所谓最低零售价是针对全国的，并不一定符合每个市场的竞争状况。所以，我的建议是：一、也许咱们的最低零售价本身在制定上就有些问题；二、卖低价的优秀经销商不找你要资源和支持，我觉得这个时候，不是睁一只眼闭一只眼的问题，而是应该把两只眼睛都闭上。只要没有损害其他经销商的利益，甚至影响面不是太大，把它看成一块试验田，又何尝不是一种机会？”

我给经销商讲这个案例，是想告诉大家，偷偷卖低价的经销商其实是最傻的。企业对卖低价的经销商，需要的时候，睁一只眼闭一只眼；不需要的时候，拿你开刀，杀鸡给猴看。聪明的经销商应该怎么做？应该打开天窗说亮话，拉着厂家一起用市场来倒逼价格。既让企业在你这里做试验，还让企业拿出资源来支持你！

卖低价是一条出路。在产品过剩、消费升级的大背景下，卖高价也是经销商的一种选择。从一味地低价到推高卖贵，从迎合消费者到引导消费者，对经销商的能力要求也有了一定的变化。

## 一、解决销售的心理障碍是推高卖贵的第一步

为什么这么说？还是上面举例的这家企业，在对企业的经销商进行大量走访后，我发现了一个奇怪现象：新手经销商、销售技巧弱的经销商虽然销售体量不大，但是他们卖的首单产品，大多数是高端的实木家具；而熟手经销商、销售技巧强的经销商虽然体量大，但他们反映实木价格太贵，不好卖！

当然，这里面有经销商关注点的差别。但是也从另一个方面说明，越是不懂的经销商，在推产品时，对价格其实是没有太多概念的。卖哪一个品类，卖哪一款产品，对他们来说都是卖。实木、高价，这些外化的指标就已经说明了产品的高端品质。卖的人在介绍产品时必须没有心理负担，买的人在接收信息时才会凭感觉和经验做决定。

一切都回归到最原始的买卖关系，一分钱买一分货。

## 二、引导消费者感知产品价值

高端产品可能有 10 个优点，但是消费者可能没有兴趣听完 10 个优点，但是只要有 1 个优点打动他，消费者也可能改变意愿。一个高端产品的优点，也许说 10 遍，消费者仍觉得是隔靴搔痒，不如让消费者自己根据需要去感受这个优点带来的好处。

不怕不识货，就怕货比货，没有比较，就没有伤害。消费者买得再便宜，也担心买贵了；功能再全，消费者也觉得有不尽如人意的地方。

在销售的过程中，运用引导比较的方法，让消费者感知高端产品和其他产品的价值差异，是推高卖贵的最基本技巧。我把它称为“找不同”。

广东阳江的厨电经销商陈总，在所有的销售培训环节，都会强化对导购人员推高卖贵的理念灌输。其中，最重要的一个动作是，当消费者选定产品后，只要不是选定的店内最高端产品，都会要求导购人员鼓励消费者找出选定款和高端款两者之间的差别，而高端款的核心价值会用KT板贴在核心部件的最隐蔽端。只要消费者能够找出两者之间的关键差别，并和KT板的文字内容对上，消费者即使没有购买高端款，在最后实际购买选定款时，也可以在最后成交价上再享受9.8折。

但是，通过这个动作，消费者对高端产品的核心价值有了体验性的认识，大约有3成左右的消费者会放弃原来的决定，选择购买高端款。

## 三、降低消费者的价格预期

有了产品价值认知能力，接下来就是降低消费者的价格预期。

降低消费者的价格预期，就是让消费者认可“好马配好鞍”的原则。当消费者接受了新品的产品价值后，专职的导购人员该出场了。

坐过飞机的人都知道，商务舱和经济舱的空姐是不同的团队。说得再直接点，商务舱空姐的颜值一般都比经济舱空姐的颜值高。同时一段旅程，除了座位宽敞点以外，消费者凭什么愿意花两倍的价钱买一张商务舱的机票？

2001年，我第一次坐飞机。运气非常好，我分在了经济舱的第一排，紧挨着商务舱。上飞机之前，我还做了功课，知道在飞机上可以点免费的餐食。当机上开始派餐时，商务舱的空姐先推着餐食从后舱往前舱走，到了我这儿，我有点迫不及待地指着餐车上的餐盒说："我要这个！"

当时，商务舱的空姐非常礼貌地对我说："先生，不好意思！我这是供应商务舱的，经济舱的餐食随后就到！"

我当时就闹了个大花脸，意识到自己犯了个错误，恨不得找个地缝钻下去。在后来出差中，我硬是找了次机会，自己花了差不多两倍的价钱，体验了乘坐商务舱的感觉。说实话，不一样，真不一样！

我们常说卖相，除了产品的卖相，其实还有销售者的卖相。当消费者咨询高端产品时，接待者从一个相貌普通的导购人员变成了一位五官精致的美女，此时，消费者从心理上对产品价格的接受底线会不由自主地往上抬升。

## 四、建立价值的外化指标

一张充满胶原蛋白的脸，一张嘴就是满嘴国骂，这是金玉其外，败絮其中。

让消费者觉得物有所值，只有漂亮的导购远远不够。此时，产品的价值和经销商的附加值都承载在这名导购的言行上面。导购的素质高，消费者买得开心，导购素质低，消费者扭头就走。

导购的培养是个大话题，删繁就简，导购的现场管理可以简化为规定动作的设计：我可能不能管住你的每个动作，但是可以明确要求哪些动作必须要做。而这个规定动作是可以将高端的价值进行外化表现的。

记住，即使产品短期内看不到这个价值，你也要学会用其他杠杆指标让消费者感受到这种价值的存在，比如通过一两个动作设计，让客户感到物超所值。

广州科隆是一家经营高端建材的工程公司，他们的客户主要是高端的商业终端客户，科隆是为商业门店提供配套服务的一家经销商。作为一家日本灯具品牌的地区代理商，面对巨大的零售价格压力，除了日企商业照明设计的实力支持、做工精良的产品品质外，如何让客户感受到服务和价格的等值，也是科隆一直在研究的问题。

经过不断摸索和研究，科隆开始在售后安装上想办法。比如在售后安装上强调严格按照日方的设计方案执行，根据灯光亮度和角度的设计，每次在安装完成以后，加入一个仪式感极强的调光动作。所谓调光，就是安排一名穿着西装、戴着白手套的调光师，在邀请现场负责人到场的情况下调光。调光师登上梯子，一手拿着调光图纸，一手调整灯光角度，说出诸多专业术语。

这看起来是一个非常简单的动作，但是现场负责人的立体感受是完全不一样的，这就是一次将专业能力外化的表演，对，就是表演！

将高端产品的核心价值用动作表现出来，价值外化！

## 五、细化服务提升产品价值

专业的人做专业的事，其隐含的另一层意思就是，我只干这活儿，与那些兼职打零工的人相比，时间成本肯定更高。

专业化还有一个意思，就是专业工具的应用自然比草台班子讲究。工具上的区分，既体现了专属的稀缺性，也在告知消费者成本必然上涨。

有一家做家政服务的平台，叫好慷在家。他们将家庭服务范围分为厨房、卫生间、客厅、卧室、餐厅、阳台六大区域，并细分为 40 个大项、108 个小项服务内容，每一个家庭场景擦拭用的抹布颜色都是不同的。这种服务标准的设计，让这家平台在2015年的O2O烧钱大战中脱颖而出，成为为数不多的至今仍在运行的家政平台。那些只用一块抹布打天下的家政平台很多都被淘汰出局！

商人逐利，经销商不是不愿意卖高价。但是经销商不敢卖高价，还有一个很重要的原因，就是担心别人卖低价抢了我的生意怎么办？

我的看法是，这个世界，我们做不了所有人的生意。总有一些人我们服务得了，有些人我们服务不了，有所舍才会有所得。出路有两条：

一条是提高卖相同产品的服务附加值，更好的消费环境、更好的售中体验、更好的售后服务，创新服务，服务必须值钱，这是经销商在新零售时代活下来的根本。

另一条是别人卖低价，我卖更低价，利润越来越薄，服务的动力越来越小，最后的结果，不是被企业干掉，就是被市场干掉。

总结一下，经销商不要偷偷地卖低价。你以为自己是棋手，掌握了局面，而很可能你只是做了别人的棋子，弄不好还有可能是弃子。推高卖贵，经销商首先要解决的是心理问题，然后才是技巧问题。

## 第三节　产品组合，从战术到战略

稍有经营年限的经销商都知道代理的产品品类必须要考虑产品的组合搭配。什么产品是赚钱的，什么产品是带流量的，什么产品是提升门店形象的，什么产品是和竞争对手拼价格的。即使是刚入行的经销商，也聆听过行业前辈们关于“不会产品组合，赚的钱都在仓库里”的血泪教训。

重要性都懂的一个道理，为什么在现实操作中，还是会有大部分经销商屡栽跟头？

以我的经验，结合经销商的案例，在产品组合这件事上，经销商比较容易犯以下两类错误：

## 一、观念上

把产品组合的重要性看成是术，而不是道，从思想认识上没有把产品组合的必要性写进经销商经营的“基本法”中，赚快钱的思想要大过经营的思想。

西安某商贸公司的胡总，操着一口正宗的广东普通话，不到二十岁就从潮汕来到西安打工、创业，进入建材行业较早。由于早年资金有限，人脉有限，从在门店打工到自己开店做老板，接触到的品牌比较有局限性。但是早年是一个产品为王的时代，低端、低价的产品，尤其是在四、五线城市的县乡非常有市场。胡总正是借着这股东风，赚到了人生第一桶金。

正因为钱来得容易，人就容易放松警惕。作为有东方犹太人之称的潮汕人，胡总当然知道自身产品组合的天然缺陷——低价跑量产品占到整体销量的60%以上，但他总觉得还不到壮士断腕的时候。人不遇到危机就很难改变，更何况还是在过好日子的时候。

2012 年以后，经济进入新常态，消费升级的趋势在四五线城市也开始抬头。低端产品的市场容量一下子就受到了挤压。做了二三十年的经销商，胡总第一次失眠了。在一次某品牌的新品招商会上，胡总泪洒当场：“这个圈子里的人都知道我是做低价货的。但是今天我为什么要来做品牌呢？就是因为跟了我二十多年的商家跟我说：‘胡总，非常感谢你这么多年来对我的照顾，但是和您合作完这个月，下个月我就不再进货了。低价品现在越来越难卖了，消费者都开始问品牌，我这个店也要转型了。你以后要是开始做品牌了，我一定再跟着你继续做。’听完这话，我一个月没有睡好觉。”

“没有低价品，就没有我今天！还卖低价品，我就没有明天！”

我经常对经销商说这样一句话：“产品是经销商的立业之基，产品组合是这块基石的粘黏剂。只有产品，没有组合，这块基石是一堆散石；只顾组合，不选产品，这块基石也经不起长期的风侵雨蚀。”

## 二、行动上

产品组合作为组织的一种策略，最怕的是什么？就是这个策略只是老板一个人的策略。就老板整天惦记着要多卖利润品，少卖炮灰品，而门店销售人员还是抱着那套什么好卖卖什么，什么跑量卖什么的心态。

什么是老板一个人的策略？你问员工三个问题，基本就知道所谓的产品组合是不是老板一个人的策略。

——“你们老板有没有让你们多卖高端的产品啊？”

——“有啊！”这声音回答得清脆且悦耳。

——“你是提成收入高啊，还是固定工资高？”

——“我们提成很少！”声音恢复正常。

——“提成是按销售总量算呀，还是分品类计啊？”

——“当然按总量提。”声音低八度。

经销商嘴里念着产品组合，心里盘算着产品利润，手里控制着进货权限，而唯独在出货这个口子上信马由缰。我相信，对销售人员的打包考核，要么是怕麻烦，要么是怕员工反感，千般委屈经销商只能自己承受，长期的抑郁也只能含着泪自我消化，受的是窝囊气，赚的是分分钱。现在经销商招人难，留人更难，管理上的缺陷变成了产品上的短板。退而求其次，能总量达标我也就谢天谢地了。

这就像有些员工抱怨的，我卖货都卖得累坏了，你还跟我较这三米、五米的真，有意思吗？

是啊，没意思。

即使做产品组合，产品也分为两个矩阵，一类为必需品类，一类为战时品类。

### （一）必需品类

必需品类包含利润品、流量品、补充品、形象品，合称为“流补利形”。这些产品类别就像开饭馆做生意，柴、米、油、盐、酱、醋、茶，一样都少不了。

**利润品：**这个好理解，就是高毛利的产品。要么是某个品牌的高端产品，要么是某个国外品牌的系列产品。这些产品可能量不大，但是卖一个顶十个，开个张管三个月。现在不少洋品牌的高端橱柜就是走的这个路线，一套橱柜起价就是二十多万元，秒杀国内同行。

**流量品：**这类产品利润稳定，而且属于大众化价位，受众人群的覆盖面较大，一般要占到经销商销售额的30%以上。

**补充品：**补充品不能单独形成销售，一般是与店内的产品选择性地捆绑在一起，进行增值销售。比如加油站推销的“燃油宝”，一定是在你加完油以后才会向你推销，它是和车油的销售捆绑在一起的。当然，选择权还在消费者手上。

**形象品：**就是为这个门店档次定位的品类，在某种程度上，与流量品有一定的重叠。如果流量品的主营品牌和形象品的定位相吻合，那么流量品和形象品就是同一个品牌。如果两者不相吻合，比如有些挂着新秀丽招牌的专卖店内，其他品牌的箱包其实是作为店内主推，而新秀丽的品牌价值主要作为形象投射。

### （二）战时品类

还有一类产品矩阵称为战时品类，包含带费用的产品、战略级的品类、做炮灰用的产品。如果有最好，如果没有，也不必强求。因为这类产品都是资源消耗品类。

**带费用的产品：**有些产品包括新品，是企业推广的重点，这些产品通常都带着费用下到市场，含着金钥匙出生。有单独的费用补贴、推广补贴，一般来说，企业如果实力够好，这些产品的市场投入都处于红利期，建议经销商跟进。

**战略级的品类：**有一些产品是企业为了抢占未来市场地位培育的品类，这类产品可能市场定价偏高，消费者接受度低，产品的推广和培育期漫长。这类产品的跟进就考验经销商的眼力和定力了。一般来说，战略级品类如果是经销商的核心品牌厂家推出的，建议经销商全力跟进。

**炮灰产品：**顾名思义就是用来躺枪、蹚地雷用的产品。这类产品主要是打击竞争对手的优势产品，是无利甚至亏损的产品，主要是用来打破竞争对手主要品类的市场优势。

在市场操作中，炮灰品类和炮灰品牌多半是捆绑在一起的。

湖南某商贸公司经过二十多年的发展，如今已实现年销售额数亿元。这家商贸公司的产品线特别长，既有淡旺季明显的电风扇和取暖炉等产品组合，也有主次产品配套的灯具、开关、插座、电线、螺丝等；既有量少但是利高的封边条，也有微利但是跑量的节能灯；既握着两个跨行业的大品牌的省级分销权，又有众多小品牌做卫星品牌形成壁垒。

产品多、品牌杂还不是这家商贸公司的特色，更为重要的是，对接手的每一个品牌和产品，商贸公司的彭总都有清晰的规划。

在一次闲谈中，他给我分享了操盘T品牌的一段经历。

T品牌是某大型家电集团的下辖品牌，该家电集团曾经也是在行业内呼风唤雨的角色。2000年后，集团开始走向多元化，以事业部、分公司的形式进入不同的行业。进入照明行业后，2004年达到销量顶峰后开始走下坡路，整个市场冲货和乱价的情况非常严重。彭总2006年接手该品牌在湖南的市场，凭着他在湖南市场的资源，高峰期能够给T品牌带来2000多万元的年销售额。

彭总坦言，2000多万元的销售额对他而言是没有一分钱利润的，甚至还略有亏损。但是他想得很清楚，接手T品牌时，这个品牌已经开始走下坡路，而且市场基本处于无人管理状态。T品牌虽然在照明行业算不上数一数二的品牌，但是在家电行业的知名度曾经也是如日中天。接手T品牌，就是要借助T品牌的知名度，采用低价渗透的手段帮助公司完善湖南市场网点和渠道。

虽然只有短短的三年操作时间，但是借助T品牌，彭总圆满实现了网点拓宽拓深的战略目标，3年时间在湖南新拓网点接近160家，为手上其他品牌的后期进入做好了渠道铺垫。

我觉得这个案例的价值是分享了产品定位、品牌定位的重要性。很多经销商都知道要给产品定位、给品牌定位，但是涉及具体执行时，尤其是涉及持续亏损时，不少经销商在实际操作中变得犹豫不决，导致的结果是产品组合策略的效果大打折扣。最后，经销商反而觉得产品组合策略只是花架子。

战术的短视，会导致战略的虚无主义，这是很多经销商没有跳过去的坎儿。

总结一下，实现产品组合的策略，要从观念和行动两个方面去落实。“流补利形”四个品类，是经销商必须完善的品类矩阵。带费用的品类、战略级的品类、炮灰型的产品可遇而不可求，要擦亮眼睛识别。

## 第四节　产品创新，经销商的泛零售形式

传统经销商的零售形式主要是实物产品的贱买贵卖，通过差价赚取利润。新零售出现以后，提到了泛零售的形式，这对经销商的零售形式有什么启示？

从零售到泛零售，一字之差，本质上就是将产品形态泛化，从过去的实物销售到虚拟产品如 Q 币的销售，到游戏道具的售卖以及看电视剧、听音乐、看电影的会员充值等产品形态。产品的形态不再拘泥于实物，不再拘泥于我只能卖什么。产品边界的拓宽，成为泛零售的重要标准。

经销商在拓宽产品边界的时候，首先要思考一个问题：就是我们通过拓宽产品边界，给消费者提供了体验产品的机会，但是，这个体验的机会，到底是在为产品加分还是减分？

2018 年有一款红遍大江南北的网红茶——答案茶，从抖音到微博，聚集了大量的粉丝。一天晚饭后，我们一家三口一起去散步。走到步行街中段，看到了一家答案茶的门店。估计儿子很早就知道答案茶好玩，便提议过去喝一杯。爱人也觉得有趣，只有我觉得饭后吃得太撑，便给他们一人点了一杯茶。

这是一家明显经过设计的场景型门店。一面墙上贴满了过去消费者提的千奇百怪的问题，似乎是在告诉消费者，你来到的是某一类人的社

群，而不是一家门店。在休息的吧台上，还竖立着一个类似走迷宫的玩具，你可以随机默想一个问题，再将滚珠从出发点放下，滚珠顺着轨道，随机落入到标注有“yes”或者“no”的出口。在靠近收银台的位置，放着一台拍时器，消费者付完款后，只要再加一元，就能获取一次“拍520，赢再来一杯”的机会。

儿子兴致很高，只用一元，就拍中了一个“520”，为我点了杯凤梨味的水果茶。在等待出茶的间隙，我们的时间基本上被填满，不会觉得无聊。整体感觉下来，我觉得这是一个有趣的门店，至少对初到门店的人是如此。我还在思量着，等到下次有时间，一定叫几个朋友过来一起感受一下。至少在我喝到第一口茶前，我是如此想的。

答案茶提供的答案，当然是模棱两可，这我早有预料。但是答案茶的口味给我的感觉是不好喝，全是冲剂调料味儿，与现在主流的水果鲜榨的口感相去甚远。作为一名70后消费者，也许我老了，但对消费者而言，营销创新是锦上添花，产品底子太差，无疑在舍本逐末。

答案茶是不是一款网红产品？当然是！但答案茶是不是一款好产品？我想，喝过的人，每个人心里都有自己的答案。讨巧的营销方式，能够加速产品的快速传播，好玩有趣的场景设计能够增加门店的黏性，但是，这些能够弥补产品不足的天然缺陷吗？

作为经销商创造出的“一元博一杯”的产品，表面上看似增加了经销商的赢利点，但是这个动作的设计，由于产品的不给力，让我提前感受到了产品的质量，原本有可能二次消费的订单意外地消失了。

很多经销商认为自己本来就是个二道贩子，从别人手上倒来产品，左手进，右手出，能够把产品组合做好就不错了，再无中生有地创新产品，可操作性是不是有点小啊？

再进一步说，在快消品行业，做个小打小闹的经销商，自己创新点产品还可以。比如稍有年岁的人，应该记得过去卖冷饮的摊点上，还能买得到店家自己调制的两角钱一杯的色素冰水，甚至还有小店店主自己泡的一角钱一杯的茶叶水。对于耐消品，如果还要创新产品形式，这个步子是不是跨得有点大？

当然，我们今天讲拓宽产品的边界，其实只有一个目的，就是要把进店消费者的价值最大化。通过品类创新甚至是模式创新，满足消费者的需求，拓宽产品的边界，更好地销售我们的主力产品。

**功能性扩展：**围绕自己经营的产品，主要解决消费者什么痛点？解决这类问题，还有哪些替代性的产品？这些是目前产品创新需要面对的问题。

比如一家以售卖镜片为主的眼镜店，除了验光、卖镜片以外，还能卖什么？很多人马上想到可以卖眼药水。是的，可以，但是这属于非处方药，售卖非处方药是需要资质的。况且这种产品是低值易耗品，在眼镜店卖，有点大材小用。

可以卖护眼灯，这和视力矫正有一定关系，而且也属于耐消品，这就更靠近门店的定位了。

还可以卖眼部按摩仪之类的仪器，同样可以缓解视力疲劳，这也是耐消品。

也可以卖高端学习桌椅，针对6～12岁的少儿人群，矫正坐姿，保护视力，就如当年“背背佳”火的时候，也进入了眼镜店渠道，而且同样属于耐消品类。

经销商围绕消费者痛点来扩展产品，很容易发现跨行业品类。这和今天很多经销商开大店、开多店的道理一样，通过流量共享来赢利，一个店里壁纸、地板、瓷砖、卫浴、窗帘、板材、油漆等一站式搞定，符合这两年大店越来越多的趋势：线下泛零售的趋势越来越明显，品类少的店生存的难度越来越大。

**需求性扩展**：什么叫需求性扩展？就是消费者需要什么服务产品，我就提供什么服务产品，不限定在我的专业服务里面，而且这种服务产品可以定价，这样的定价还能促进主营产品的销售。

我们家小区的东门和北门各有一家小卖部。东门的小卖部老板，从我入住小区起，就一直是个乐呵呵的胖老头。而北门的小卖部四年换了3个店主。我刚买些东西与老板熟悉些了，就发现又换老板了。但在我看来，在产品品类上，东门的小卖部的货品种类还不如北门小卖部。

但为什么东门小卖部的生意会如此稳定呢？

我说出来，估计大家都难以置信。这个东门店的老板，居然以9.9元的年卡费，每年在我们小区卖VIP会员卡。更神奇的是，他手上至少有七八百个会员兜底。我们都知道，现在消费者对白给的VIP卡都完全无感了，为什么会有人花钱买这个会员卡呢？

原来，东门小卖部的老板不白收会员费。成为VIP会员后，业主有两项权益可以享受：

（1）会员凭手机号在小卖部买东西，享受会员价，就连3元钱的百事可乐，他也只收你2.9元，大概就是9.5折至9.8折的样子。

（2）会员凭手机号可以享受免费的快递代收服务。而非会员则需要每次交纳1元/次的保管费。

这样一来，小卖部老板一次就创新出来了两个产品：一个是收费的VIP会员卡，一个是收取保管费的代收快递包裹服务。而且这两个产品还能互相关联，相互促进，东门小卖部的生意之稳定也就见怪不怪了。

有人说这是快消品，耐消品弄不了。那我再给大家举一个耐消品的例子。

随着现代人学习意识的增强，全国各地的书城节假日的人流量越来越大。很多学习品类的专卖店就设在其中。湖北武汉光谷书城的胡总就在这样的书城里面开设了一家学习桌椅的专卖店。

现在各地的大型书城里面冬暖夏凉。冬天暖气足，夏天冷气爽，可以说四季如春。但是书城里面一般都不会设置座椅，就是怕孩子们拿着书一坐下，光来“蹭书”，不买书了。但这难不倒勤奋好学的中国人民，一到周末，许多小孩子干脆拿着书席地而坐，肩碰着肩，脚抵着脚，或低声耳语，或沉迷于书中，场面甚为壮观。我见过不少地方的书城，类似的场面并不是个别现象。

在武汉光谷书城开店的胡总发现了这个机会：看书是一个刚性需求，没有地方坐，是一个现实痛点。于是，他在门口摆了一套“乐高积木”，配置了几个小椅子。并在积木的墙边贴上了“非VIP会员每座次收费20元”。而要成为会员，就要购买一套学习桌椅。成为会员后，不仅可以把整套学习桌椅搬回家，矫正学习坐姿，同时，以后到光谷书城来看书，只要报家长手机号，可以终身免费进到店里，坐在学习桌椅上看书，不用再趴在地上“蹭书”了。

这样的策略在销售推荐中成为一个有力的推手。对于周末因为工作需要，经常要把孩子“扔”在书城的家长，显然起到了积极的拉动消费的作用。

**专业性扩展：**专业性扩展主要是指将所属行业里含有一定专业能力的服务项目切分出来，单独打包，再卖一次。我们都知道，现在的耐消品，尤其是家具、建材产品，配套服务和产品销售其实是捆绑在一起的。要把服务单独收费，难不难？

可以说很难！

当年为了抢客户，为了打价格战，迫不得已把人工贱卖，美其名曰提高服务质量，其实就是变相降价。当初，遇到这种情况，有没有更好的办法？确实没有办法，在行业大势面前，个人的努力几乎可以忽略不计。

但是，还别说，互联网又反过来救了咱们。现在在网上，电器、灯具等产品的安装费，包括家具、瓷砖等产品的上楼人工费，都是单列，少则几十，多则过千。消费者第一次知道，服务、安装其实是有明码标价的。过去那种包安装，还要给低价的做法，消费者其实是占了便宜还卖乖。

互联网继续走低价的路子，只会用他们的成本帮我们教育消费者。当利润退无可退的时候，低价包邮这种套路还能不能继续玩？我估计很难！到时候，消费者自会明白，送货上门其实也是有对应成本的。

具有一定技术含量的专业服务如何才能不被埋没在打包式的销售里，互联网对线下的影响是什么？我的看法是互联网用低价抢走了消费者，未来消费者也一定会因低价被教育而再回来。

所以专业服务切分卖，可以借助互联网，比如加入专业的 APP 服务。现在类似万能小哥、喵师傅这样的技工聚集平台越来越多，分类也会越来越细。在这里，服务收费是最基本的商业逻辑。

又或者，在报价的时候，就要坚持有安装服务和无安装服务的差异报价。消费者现在之所以认为安装免费天经地义，是因为我们过去报价的时候，就默认安装与产品打包在一起。与其这样，不如换一种报价方式试试：

“这套多少钱？”

“裸价便宜点，3880 元！”

“什么是裸价？”

“就是不用上门安装，您自己有安装师傅！”

“开玩笑，我去哪里找安装师傅！”

这样的报价方式，即使最后收不到安装费，消费者心里对最后底价的接受程度肯定会有一定比例的提升。

强调一句，把服务单列收费，其实不仅仅是为了利润，而是要告诉消费者，有利润，才有服务，有好的利润，才有好的服务。

**员工能动性扩展：**这应该是产品创新的高阶形式。

老板可以创新产品，可以规定场景，可以想出一个又一个好点子，但是老板再聪明，也无法满足消费者的所有需求。当消费场景出现的时候，当老板看不见的时候，员工有没有主动性去扩展产品的边界，这是门店发展的生命力所在。

有一年，我们有七八个老同学在深圳聚会，临时选择在“海底捞”吃火锅、喝小酒。正当我们不停地感慨光阴似箭、日月如梭，青春不再时，在旁边端菜的服务生听见我们的聊天内容，在征得我们的同意后，立马叫来了 2 个小伙子、1 个小姑娘、1 个中年大叔，现场唱了一首当年红遍大江南北的《同桌的你》，听得我们当时眼泪都快掉下来了，直到今天，那个场景还让我记忆犹新。

为什么当年《海底捞你学不会》一书这么火？“海底捞”员工的服务创新和产品创新虽然并不能成为独立收费的产品，但是无疑为“海底捞”的产品溢价提供了无法超越的门槛。这种刻在员工骨子里的无时无刻、无处不在的创新意识，才是最大的产品创新源泉。

## 第五节　新品应该怎么推，导购才乐意卖

买卖是一个趋利避害的过程。凡是做老板的，都爱卖新品，因为新

品的利润高；凡是打工的，都不爱卖新品，因为新品的销售过程更复杂。老板要让员工卖新品，必须形成前有“利”在引，后有“害”在追的销售氛围，让员工跟着利跑，让员工避着害走。

新品销售是一个系统，一味地奖罚并不能解决员工卖新品的全部问题。而只有建立完整的新品推动系统，站在员工角度考虑问题，新品的销售热情才有可能被激发。

什么是站在员工角度呢？新品是新物件，要学习，要研究，要琢磨，员工没时间琢磨，不愿花时间琢磨，这是员工不会卖新品；即使员工熟悉了产品和套路，但新品单价高，门店的各项资源不配套，新品用高价硬推难度太大，员工不能卖；即使员工熟悉产品，门店各项资源也配套了，卖不卖新品与员工自身的利益关系不大，员工卖新品的意愿不强烈，这是员工不愿卖；即便产品熟悉了，政策配套了，员工也有很强烈的销售意愿，但是面对新品较之老品的数倍价格，员工气场不足，心里不自信，面对消费者不敢出手，出手也是畏畏缩缩，这就叫员工不敢卖。

从“不会”到“不敢”，这是员工不卖新品的四道门槛。作为老板，你要做的就是帮助员工完成“四不”跨越，让员工会卖，让员工有资本卖，让员工有意愿卖，让员工有胆量卖。

## 一、员工不会卖，就教她怎么卖

### 1. 告诉她卖给谁

新品大多数都是溢价产品，价格高、功能全、款式新，这在一定程度上缩小了目标消费者的范围。不差钱的消费者只盯着产品间，预算紧的消费者总盯着价格看。不要老想着把梳子卖给和尚的故事，销售是为消费者提供价值，而不是恶心消费者。

武汉洪山区的某品牌学习桌椅专卖店，导购人员小吴是一位从家具行业转行过来的销售老手。在国庆期间的新品推广中，老板特意设立了单独的奖励标准。

这天，小吴接待了一位带着双胞胎女儿的妈妈。两个女儿很活泼，妈妈明显是外地口音，说话声音很低很细，有些怯生的感觉，注意力也容易被引导，不像见过世面的人。从穿着和行为举止上来看，更不像有钱人家的太太。

小吴自然也快速读出了这位妈妈的生活背景。放在平时，她对这样的消费者一定主推公益款和特价产品，但是国庆期间新品销售的额外奖励让小吴放弃了销售的基本原则，一番摇唇鼓舌之后，这位双胞胎妈妈给两个女儿订了两套总价过万元的学习桌椅。

结果，收下定金不久，麻烦事情就来了。这位消费者的老公赶了过来，在店里当着导购人员的面，把老婆臭骂了一顿。从他们的对话中了解到，原来这一家人是来武汉务工人员，现在还是租住的房子。家里只有老公一人上班，老婆赋闲在家带小孩，双胞胎女儿的抚养费及家庭所有开支都靠老公一人的工资支撑。这两套总价过万元的学习桌椅明显已经超过了这个家庭的承受力。要不是经销商出面及时退款，围观起哄的人会越来越多。

将合适的产品卖给合适的人，这是导购人员价值的一部分。并不是人人都能买得起高端产品，教会导购人员去筛选消费者，既是提高销售的精准性，也是保护销售人员的信心。

判断消费者的消费能力，一般来说通过看和问两个途径，可以做些初步的筛选，比如问消费者居住的小区信息、孩子参加的培训机构信息等，消费者的进店时间、穿着打扮等，依据行业不同，每个经销商在这方面都有不错的经验，把它总结出来，并不停地修正这些标准，然后不断地灌输给导购人员：产品销售，只卖对，不卖贵。

2. 告诉她什么时候卖

面对消费者，新品什么时候推成功率更高？有经验的导购，不会从一进店就直奔新品，而是在了解了一些消费者信息后，开始选择性地推新品。对于带着具体问题来的消费者，更容易为新品的某项功能买单。在推老品过程中，消费者如果有新的问题出现，再推新品更为自然。或者是消费者在已经决定购买老品的前提下，导购人员有意识地提醒消费者新款和老款的差异。

新品的推荐时机可以切分成很多块，要求导购人员在整个推荐过程中，要有意识地至少一次自然植入新品的推荐信息。这个过程可以变成导购在一边卖，老板在一边看，然后复盘指导。

3. 卖给她看

告诉导购人员卖给谁，什么时候卖，还是在纸上谈兵。只有扎扎实实地卖给她看，耳听为虚，眼见为实，让导购人员看到这个新品真能卖，导购才会死心塌地地推新品。

新品难不难卖，说难也难，说不难也不难。在一家门店里，老板亲自上阵卖货，要把新品卖出一两套，容不容易？老板只要想卖，肯定能卖得出去！

老板手上掌握了资源，掌握了价格底线，又是在一线摸爬滚打多年的经销商，要在底牌大、资源充足的条件下卖出一两套新品轻车熟路。我的建议是，门店可以设立“老板的新品售卖日”，经销商自己在有空的情况下，去门店亲自推新品。新品推广有什么问题，需要什么资源，价格底线到底在哪儿？一个新品售卖日，可以把该搞清楚的问题都搞清楚。

卖新品，经销商打样，导购人员对新品销售的底线就建立起来了。

4. 内部复盘

经销商卖得动，自然会有员工依葫芦画瓢。只要有人能卖，新品动销算是起了步。成功有成功的经验，失败有失败的教训，这些卖了新品的导购，要及时与大家分享新品销售的心得。什么是新品销售的心得，简单归纳成一句话就是：你的哪句话打动了消费者？

虽然从不买到买是一个决策量的积累过程，但是触发从量变到质变的关键一句话是可以被提炼的。而这些被提炼的话在某种程度上可以被复制和推广。

沈阳做橱柜的小刘曾经有一次推新品的经历。有对夫妇来他们店里，对刚上市的新款 F17058 很感兴趣，但是因为价格有点贵而显得犹豫不决。这时，在一旁察言观色的小刘走了过去，她向两位客人介绍："上次辽宁篮球队教练郭士强来我们店看了这个型号也非常喜欢，但是由于价格太高没有买。"经小刘这么当众一激，这对夫妇立即决定买下新款，因为他们要显示自己比辽篮的教练更有经济实力。

这样的案例，可以让导购人员自己去分享总结，抽出共性的内容，供大家去学习和揣摩。

## 二、员工会卖了，还要有资源去匹配

1. 好位置优先

新品要有新气象。经销商把新品放在心里什么位置，就会在店里把新品放在什么位置。

要让员工推新品，首先要让员工看到老板推新品的决心。无论是单独新品的装修陈列，还是门口位置的主推，或者是做多点陈列，甚至是异形陈列，把最好的位置给新品，让导购看到无处不在的新品气势，营造新品销售的氛围。

2. 助销道具齐全

助销道具的完善与否，不仅体现了企业对新品销售的重视程度，也有助于激发导购人员的尝新热情，增加导购的销售底气。

比如有的商家强调自己的板材是橡树实木，导购人员说一百遍，消费者也不一定听得进去，但是借助一个板材的实物截面，就能为消费者建立一个直观的印象；说自家的洗衣机低噪音、长寿命，不如放个气球在运行的洗衣机里，让气球的表现去说明一切；说冰箱直冷比风冷好，不如在冰箱里摆放一些饮品，让冷藏的商品形态直接帮助消费者建立概念。

道具的演示，是产品功能的具体化表现，有些道具并不一定是厂家配发的物料，也许就是我们生活中的一件用品。而它们在专卖店的出现，既降低了导购人员的工作量，也帮助导购人员建立了产品信心。

3. 促销资源倾斜

新品之所以难卖，难就难在价格高。要是把价格降到和老品一样，销售肯定是另外一番景象。但是如果单纯地降价，就丧失了推新品的意义和价值。

过去的观点是，新品上市不应该做促销。因为上市就做促销，新品很快就会沦为垃圾。现在则不同，新品上市应该造势，要有皇帝嫁女儿的盛况。

皇帝嫁女儿，不可能让女儿自降身价。要让大家皆大欢喜，重点就在陪嫁上，宁可送你一座金山，也绝不让自家的女儿受半点委屈。

新品的消费者促销也是这个道理，降价是最吃亏的做法，宁可众星捧月陪嫁妆，绝不自降身价乱价格。从服务上想办法（如买新品橱柜从6个月质保到享6+3质保，甚至终身免费厨房清洗等服务），从赠品上想办法（如买新品送小家电大礼盒等），从体验上想办法（买新品抽新马泰旅游大奖等），是新品促销的基本思路。

促销资源的倾斜，是为了帮助导购人员解决溢价问题，有些新品推广疯狂的，赠品的零售总价格甚至超过了新品的价格。

4. 销售特权，临机决断

老板做销售为什么一定比打工的做销售更厉害？除了老板的气场，更主要的是老板掌握着产品的价格底线。关键时刻，老板是能够一锤定音的人，但是如果关键时刻只能老板自己上，老板也会累死。

新品销售要卖得好，导购人员手上的资源当然是越充分越便利。而老板之所以不愿意充分放权，是担心导购人员滥用权力。但放权其实是一把双刃剑。

作为老板，与其犹豫不决，不如抓大放小算大账。只要相较于过去销售额有增长，投入就是值得的。

山西太原做儿童套房的薛总，所有上市新品以比老品的利润高10%作为底价，销售额超出的部分与导购人员五五分成。薛总两口子每个月只去门店收钱、进货，导购人员卖新品的积极性比老板还高。

给销售人员特权，是促成交易的临门一脚。把账算清楚，把利想明白，放不放权就容易做决定了。

## 三、员工会卖，也有能力卖，还要解决员工的销售意愿

1. 新品单独考核

考核不是万能的，但是没有考核也是万万不能的。新品的推进要真正引起导购的关注，苦口婆心地念一万遍，不如真金白银地减少导购人员的收入一次。老品卖一台，提成 100 元，新品卖一台，也提成 100 元，导购人员肯定是卖老品不卖新品。但是如果卖老品一台提成 100 元，新品

卖一台提成 150 元，导购人员不用你教，就知道应该卖老品还是新品。

新品的单独考核也有很多种方式，比如前面说的按销量提成的方式，也可以按月度新品销售额来计算，还可以规定每月新品的销售占比不低于总体销售的固定比例，或者是要求每月新品有固定的销售台数等，最终目的就是推动新品销售的成长速度要高于老品销售的衰退速度。

2. 老加新，总量捆绑

利润、周转、规模是经销商经营效率的三大指标。单独考核新品是为了增加利润，加快周转。但是经营不能是按下葫芦又起瓢，新品销售额上去了，结果老品销售额下降得更多，这就影响了经销商的销售规模。我曾在《用数字解放营销人》里提到过一对“上新”的监控指标，即显性侵蚀指标和隐性侵蚀指标，就是经销商监控销售规模升降的一对指标。

总量捆绑的考核，就是要求导购在完成推新任务的同时，还要兼顾销售总量的平衡。比如新品月底完成单独考核的要求，能够一台新品奖励 150 元提成，但是总量未达成月度目标，新品的提成标准要减半。

3. 奖惩并用，有奖有罚

奖惩是一对孪生兄弟，有奖无罚，导购人员依然可以钻空子：150 元一台的提成目标太高拿不到，拿 75 元一台的提成标准也不错。现在的“佛系”青年这么多，清心寡欲，随遇而安，别拿枪逼着我去一个月挣 5 万元，5000 元一个月，我过得也挺好。

罚，就是底线，就是让导购挣不到 7000 元，就拿不到 5000 元，两者之间没有中间档。这就是在奖惩制度的设计上，要么达成目标，通过提成奖励收入直接跳到 7000 元，要么完不成目标，接受罚款直接掉到 5000 元以下。

这一进一出就是 2000 元的差别，对于导购人员来说，可能 1/3 的收入就没了。没有中间路线，是奖惩底线设计的关键动作。

4. 明星员工激活团队

当年欧普照明的商用产品的销售迟迟不见起色，部门领导换了一茬又一茬，团队人员换了一拨又一拨，重金悬赏、年会点名基本是家常便饭。在一个整体销售呈现颓势的团队里，简单的排名并不能激发团队的斗志，只是帮助销售人员自我安慰，“还行……还行……至少我还不是最差的”。

龙虎榜、PK榜要真正发挥效果，前提是销售额呈增长趋势，而且还要有明星员工做“鲇鱼”。明星员工从哪里来？当年欧普照明是将合资公司欧普小泉的商用队伍直接合并到欧普的体系里面，用外来队伍直接激活内部的休克团队。经销商要有明星员工，要么从外面花高价聘请有资源、有能力的人加盟，要么自己投资源、投精力培养明星员工，想办法让一部分人先富起来。

一家商贸公司，如果老板投资源、投精力都无法培养出明星员工，这家公司也就基本失控了。

## 四、员工会卖、能卖，也愿意卖，最后还要解决敢于卖的问题

1. 熟悉产品，心里有底

为什么要把敢卖新品放到最后？因为这个推新四道门槛中看似最容易解决的问题牵涉到很多方面。

敢不敢向消费者张口推荐新品，不就是上嘴唇碰下嘴唇的事吗？无知者无畏，所谓勇气最容易莫名其妙地产生，也最容易莫名其妙地被摧毁。卖新品，只有怀着对消费者的敬畏心，让导购人员真正从内心接受新品，推荐新品时功利的光芒才会褪去。消费者也不是傻子，导购人员的语气、神色、动作，消费者都能感受到，从而判断出导购人员是在忽

悠自己，还是在推荐产品。

尽可能万事俱备，只欠东风，再去解决员工敢不敢的问题。这既是对消费者负责，也是对销售人员负责。

无论是熟能生巧，还是庖丁解牛，熟悉是建立自信的最佳途径。腼腆到骨子里的郑钧，谈起音乐会神采飞扬；平时说话都有些语无伦次的华晨宇，一上舞台就完全变了一个人。只有对你所表达的东西绝对熟悉，才会有这份自信和胆量。

对于导购人员如何熟悉新品，很多老板也有自己的绝招。有的是让员工把新品拿回去试用，有的是让员工去仓库做一段时间的售后安装，有的甚至是让员工把新品拆开，再一个零件一个零件的安装起来。员工只有熟悉新品的每个螺丝，在介绍新品时，才会做到嘴里在说功能优势，手上在演示产品细节，眼睛在观察消费者的表情变化。

导购人员只有达到这种“盲演示”的状态，消费者才会真正相信，导购人员是真的了解这个产品，是真的认可这个产品。这是建立消费者信任最基础的一步。

2. 熟悉客户，气场更足

过去我们认为戴天梭表和买浪琴表的人是高端人士，但是现在，至少要戴块劳力士才能算得上高端人士吧！为什么？因为戴天梭表和买浪琴表的人越来越多，这些人就是我们身边的老张、小李，我们对他们太熟悉了，那种神秘感已经消失。

新品的购买人群主要是哪些？以经济实力比较好的高消费人群为主。这些人见多识广，在某些问题上似乎更有个人主见。在银行里，这类高净值客户是有专人对接服务的。所谓专人服务，其实就是让气场对等的人员去接待相应等级的客户。银行对这类员工的培训包括让这些人员打高尔夫球、坐游艇、参加高端人士的聚会，让这些专职人员走进高端人士的生活，让他们去感受高端人士也有普通人的喜怒哀乐。

经销商当然没有必要像银行一样，经常组织员工去打高尔夫、坐游艇、参加高端聚会，但是对于销售高客单价的员工，在聚会或者是团建活动上，在条件允许的情况下，尽可能地提高活动档次，让员工开眼界、见世面，也是一件值得投入的事情。

3. 营造新品销售的历史传统

部队是最讲究历史传承的。在英雄的班组里，一个普通的士兵也会因为成为英雄团体的一分子，进而迸发出无上的献身精神。因为过去能，所以我们今天能，未来我们仍将能。这是钢七连、英雄排、董存瑞班这样英雄称号团体存在的重要价值。

要让销售人员前赴后继地敢于推新品，经销商也要学会善于积累新品销售的辉煌历史。让导购人员相信，我们就是一支有推广新品传统的能打硬仗的队伍。

比如可以提炼我们是某品牌某个型号新品的全国冠军。如果不是全国，可以是省、市、县，甚至是镇的冠军。不是2018年的冠军，可以是2008年某个型号的冠军。即使不是某个品牌，也可以是全品类新品销量最大的区域冠军。

经销商做了这么多年生意，总有新品的亮点值得大书特书。最终目的就是要让导购人员相信，我们有悠久的历史和光荣的传统，这个区域卖新品，舍我其谁？这个店里卖新品，舍我其谁？

4. 老板兜底，有问题我负责

产品解决了，气场解决了，信念解决了，还有最后一个关键问题：换个说法，新品也可以叫试验品，万一企业的产品技术不成熟，导购人员推新品推出了问题，怎么办？

一部分导购不愿意推新品，其实是在观望，看老板的意思，看企业的态度。因为推新品，销售过程麻烦不说，后续出了问题，很多售后环节跟不上，尤其是电器类产品，配件出问题，就得拆产品补零件。退货，不仅提成没了，还得耽误时间，费口舌，影响客情关系。

在销售战场上，老板的魄力就是员工的最后防线。员工敢不敢舍生忘死向前冲，关键在老板能不能解决员工的后顾之忧。老板如果说："新品放心推！我控制好产品，你们搞好销售。只要按我教你们的做，出了问题我负责。"这样一来，导购人员还有什么值得担心的呢？

## 第六节　都新零售了，还用得着压货吗

抛开新零售的内涵概念，新零售对生意最直观的改变，是科技手段对生意流程进行了优化。人、货、场的重构，导致人、货、场的相对位置和绝对距离发生了改变。在最短的时间、用最优的路线，实现最经济的配送，按需生产、以需定产，最大限度地减少浪费……

现在大部分零售商都不喜欢备货，门店只有样品，仓库连一件库存都没有（有些甚至连仓库都没有），美其名曰库存管理。这种做法行不行？当然可以，货是你的货，店是你的店，钱是你的钱，如果只是想守着这一亩三分地，连样品都可以不用备，图册就能解决问题啊！

但是，这种卖一件、进一件生意人的精明，很难在多如牛毛的同量级经销商中脱颖而出。因为卖一件、进一件的库存管理是战术手法，而囤货备库则是经销商的战略目标，只有销售，没有经营，算不得真正意义上的经销商。

首先，我想说明的是，经销商学会主动囤货是一件好事，即使被动压货，也不见得是一件坏事。虽然有时候这两件事其实就是一件事。

早年我在某企业服务时，负责某区域市场，曾亲手开发了一个经销

商老A。由于历史关系，我和老A一直保持比较密切的联系，直至2010年我离开这家企业后，两人的关系一直非常不错。前年，我由于其他原因出差到该地区，提前打了一个电话给老A。老A很高兴，一定要约我晚上聚会，我在忙完其他事情后如期赴约。酒桌上两人相谈甚欢，天南地北，胡吹海侃，酒过三巡，菜过五味，大半瓶白酒下肚，在我们即将结束这次聚会的高潮部分，老A突然趴在酒桌上呜呜大哭起来。我甚是奇怪，虽然我跟老A关系挺铁，但哥们的感情不至于上升到几年不见，执手相看泪眼的地步啊！我暂且平复内心的激动，怯怯地问："咋啦，兄弟？"

老A接下来的一段话才真让我大开眼界："兄弟，我做生意25年，15岁就开始出来做小工，19岁自己有了第一家店。从此以后，生活开始稳定，日子也开始好过起来，15年前，在我们这个地方，一年做个四五十万元生意的经销商大概有五六个。我们平时也在一起喝酒、品茶、钓鱼、摄影，那时候产品利润高，有货就能卖，小日子过得挺滋润。"

"你们品牌当时刚到我们这里的时候，我知道第一个找的客户不是我，是那几个和我一起玩的经销商。只是人家死活不干，你们最后才找的我。可是一接手你们的品牌，我的那些好日子就算到头了。我一年才做四五十万元的生意，第一个月我还晕头晕脑的时候，你们就给我发了10万元的货，还说三个月考核不达标就把我换掉，真是上贼船容易下贼船难啊。我看着仓库里的一堆货欲哭无泪。还好，你们压完货后，又带着一帮搞推广的人忽悠我：老A啊，你不能坐在家里等生意上门啊，要走出去，搞分销，做推广，进小区，什么坐商变行商的那套鬼话。我也是看着仓库里的那堆货心慌，那可是真金白银啊！"

"接下来，我只能跟着你去搞分销，做推广，进小区，感觉又回到了19岁刚开店时的光景。可到月底，那10万元的货还真被卖得七七八八了。我刚想喘口气，20万元的货又压到了我的仓库，这是不准备让人活的节奏啊！我又只好把头一蒙，心一横，闭着眼睛往前冲，跑工程，跑装修公司，想着法把东西一点一点地往外卖啊！”

“就这样不知白天黑夜地干了一年，回头一看，天啦，当年我居然卖了130多万元，放在过去想都不敢想啊！从那以后，你们主动压货，我默默承受，一干就是13年啊！13年过去了，现在我一年能做四五千万元，而当年跟我一起玩的那五六个小伙伴，有两个还是一年只做四五十万元的生意，多的也就只做一二百万元的生意。因为选择你们，因为那让我睡不着觉的库存，我莫名其妙地成了这个地区的行业老大。”

这是一段让我很感触的事，至少库存不是某些人嘴里常说的万恶之源，至少库存也压出了区域老大，虽然没有经销商会去主动接受库存。

回到经销商价值的问题上，经销商之所以能够赚到差价，是因为经销商必须提供价值。这个论断，我想应该没有经销商反对。同理，经销商能够赚到大量的差价，是因为经销商能够提供不可替代的价值。那经销商为什么能在历次渠道变革中生存下来？唯一的解释，就是经销商渠道有着无可替代的差异化价值。

我们可以想一想，既然经销商能赚到差价，企业为什么不选择直营，而是选择让经销商做中转站赚钱？很多经销商都明白，是因为直营需要企业全额出资，企业的资金成本压力大，而且承担的风险高。而加盟或者分销模式很显然是一个可以变相融资，可以分摊风险的选择。分销与直营，经销商胜在哪儿？胜在真金白银地投资，分摊风险，咱不干好这件事，咱就赚不到这个钱。

当年的连锁大卖场多火。总部谈判，分店执行，客户数量越少，企业的管理成本越低，企业为什么不走单一的大卖场渠道，而是要两条腿走路，投入在经销商渠道这个环节？是不是因为大卖场至少有30～90天的账期，甚至半年？而经销商渠道的订货付款和所有权转移是大卖场无法比拟的。经销商渠道胜在哪儿？胜在现款现货，咱不干好这件事，咱也赚不到这个钱。

当年大卖场有多火，今天电商就有多火。为什么从曾经一句要么电子商务，要么无商可务，到今天线上、线下要融合，甚至线上企业着力发展线下？是因为企业直面消费者，不仅服务的人力不够，会导致服务的质量下降，更重要的是一处库存供全球，削峰填谷根本不现实。公司的库存没有了缓冲带，电商一场大促以后，必然是一地鸡毛。被库存害死的电商企业比比皆是。经销商不协助企业建立库存缓冲带，同样活不下来。

经销商要在与电商的比拼中胜出，继续提供价值是唯一出路。利用小组织的灵活性，通过蚂蚁搬家式的库存分解，分散总库存的压力，来最大限度地满足区域市场多样化需求。这是蚂蚁胜大象的最好方法。

在科特勒的营销理论中，提到的八大经销商价值：融资、承担风险、订货、占有实体、付款和所有权转移、信息、促销、谈判等，大部分经销商都只是在做皮毛。其实只要将其中的某一项价值做深做透，企业不可能离得开你！

当然，囤货或者压货，并不是与其拼命挣扎，不如闭眼享受。囤货或者压货应该成为经销商的一种战略选择。我们都知道，一个经销商经营多个品牌，撒胡椒面式的平均使力肯定不对，聚焦和定位才是经营之道。现在做得大的经销商，谁手上没有几个销量占比比较大的品牌做支撑？您还真认为今天这些品牌都是消费者指名道姓哭着喊着要买的？一句话，没有推销，哪里来的营销？

再进一步，厂家和商家是什么关系？是相互支持的关系。经销商和业务员是什么关系？是相互支持的关系。企业和销售人员手头有资源的时候，为什么会支持 A，不支持 B，真的只是因为 A 能说会道吗？谁都会有不太方便的时候，做生意，不就是做人嘛！

再则，压货的本质是经销商吃政策。不会吃的，总是啃到骨头；会吃的，总是偷偷地把肉馅吃掉。

是啃骨头还是吃肉馅，经销商囤货或者压货也是有一些原则需要遵循的。

## 一、成熟的经销商，并不是什么货都压，或者是什么货都不压

销售通路顺畅，又或者说销售通路正常的经销商，并不是什么货都压，或者是什么货都不压。他在压货之前心里一定是有底的：压什么货，这批货，有多少要入库，有多少要分销，有多少要专供，有多少要零卖，订货之前已经了然于胸。压了货再想办法的经销商也有，要么是赶上市场行情好，压着、压着反而一步步做大了，要么是压了货形成呆滞，降价促销实现资金回笼，再压货、再降价，最后生意一步步萎缩。

有人说，如果压货之前就心里有底，还算什么压货，那不就是正常进货吗？这里有个做经销商的诀窍，是形成经销商好坏之别的分水岭。

优秀经销商的特征之一，就是一定有些产品在其他经销商那儿都卖不好，唯独在他的店里卖得特别快。而平庸的经销商只能随大流，卖一些在全国其他地方都好卖的产品。所以平庸的经销商一压货，就容易一哄而上地往红海范围里凑，而优秀的经销商即使压货，即使压的是一些别人看起来不好卖的产品，实际上依然处于蓝海领域。

## 二、作为生意，没有什么是不可以谈的。接不接受压货，取决于用什么条件来置换

我在以前的压货类文章中反复提到，压货不可怕，可怕的是只有压

货。企业如果只是通过压货行为完成所谓的库存转移，当然是要流氓的行为。但是，作为经销商，如果看不懂压货应该是一个连贯性的动作，不知道通过压货置换资源，而是只知道压或不压，即使被压死了，也是死而有憾。

有人说，销售人员敢压货，一定是厂商博弈，经销商处于劣势，所以和销售人员谈不谈置换条件结果都一样。我想表达的观点是：作为生意，没有什么是不可以谈的。接不接受压货，取决于用什么条件来置换。经销商如果连谈判的勇气都没有，最后被压死是必然的。与其必然被压死，然后再和企业闹个不欢而散，不如丑话说在前面，一可以预防，二还可以秋后算账。

## 三、压货是把双刃剑，被压死的人只看到了刀锋，游刃有余的人握住了刀柄

经营有风险，有时要冒险。经销商的销售目标永远定在自己可控的范围内，经营是稳健了，但是也丧失了很多机会。试看今天能够成为一方领导者的经销商，哪一个不是在市场信息不完整的情况下，果断出手一战成名。压货，有时候是风险，有时候可能是风口。压货是把双刃剑，被压死的人只看到刀锋，游刃有余的人握住了刀柄。

河北有一家年销售额过亿的光源大分销商，凡是经他手操盘过的品牌，都能在短短一年内做到省内头部位置，这家商贸公司在河北省内也算是赫赫有名。

老板的操作手法就是让商贸公司的操盘手全权代表公司通过集中研究策略，甚至通过单独谈判获取利好条件，大批量压货。操盘手负责进，也要负责出，所有的收益也跟这一进一出完全挂钩。谈判进来的资

源再进行二次包装，通过县、乡、镇的会销形式，把这些产品快速分销到终端，自己的仓库基本没有存货，这也是对操盘手的一个考核指标。我查看了这家商贸公司的后台数据，发现连着3年时间，这家商贸公司分别将3个小品牌的单品销售额突破三千万元。

这家商贸公司之所以压货操作如此成功，我觉得有三点是非常关键的。一是产品做得比较专，他非常熟悉光源行业哪个品类、哪个型号，多少价格是最畅销的，压货的目的性非常强；二是向下分销的策略包装非常接地气，送面包车，送小门店用得上的日用品，这些赠品能帮他打开一些新的分销网点；三是河北的各个地级市，有一帮铁杆分销客户跟着他吃肉，抱团与厂家谈条件，谈完了，货也就分完了。

这种经销商属于鲨鱼型经销商，稍微闻到点血腥味，就会凑过来。厂家给他压货，一着不慎，就可能万劫不复。

当然，对于毫无底线的被迫压货，我的建议是经销商自己要评估一下，如果不压这批货，你和企业的合作会不会出现问题？即使与企业合作不会出现问题，和当地销售人员的配合会不会出现障碍？如果这两个问题你都觉得无所谓，那咱就别压；如果不能接受这两个结果，那就默默承受。与此同时，我们也要意识到，是时候给自己再挖一口井了。

## 四、压货形成滞销，根子上还是库存管理出了问题

四十年经销商发展史，大多数经销商只学会了算小账，而不会算大账；大多数经销商只学会了“估计”“差不多”的概数管理，而鲜有经销商能够对企业，包括库存，进行精算管理的。

20世纪90年代初，经销商的信息化普及并未实现。21世纪的前二十年，电子商务，尤其是O2O、B2B的出现，勉勉强强让经销商的信息

化普及上了一个台阶。接下来的二十年，正是趁着信息化的趋势，营销管理包括经销商管理实现精算化的二十年。

越是经济环境不好，精算化管理才越有价值。经销商压货形成滞销，根子上还是库存管理出了问题。利用精算化管理可以帮助进行库存管理。在严格的数字控制之下，每个入库产品都有一个最后的销售截止日期（注：产品的留库时间，严格意义上来说，不是取决于该商品的保质期，而是经销商的平均毛利和库存周转频率。经销商的平均毛利高、库存周转快，即使商品未到保质期，也应该做亏本处理，因为所有的经营还包括了机会成本）。经销商即使压货，也能用相对合理的公式，快速测算出这批产品应该在什么时间前脱手。只要在某个时间之前脱手，即使亏本销售，经销商也是明亏暗赚的。

精算化库存管理的方法，能不能彻底解决经销商压货问题？当然不能，但是精算化能够帮助经销商在压货时有一个明确的参考坐标，有了这个参考坐标，经销商压的货就不是一批死货，而是一片处于随时监控下的活物，在呆滞库存的处理上也就更加主动与灵活。

## 第七节　库存要怎么管，产品才不会呆滞

我想问大家一个问题，如果未来数据化管理发展到非常精细的程度，仓库里的呆滞库存能不能被彻底消灭？

对这个问题的答案，我个人是持保留意见的。只要是竞争型的市场经济，供给略大于需求，市场才能保持优化的动力。应该说出现呆滞将是一种常态。库存管理的目的，也是要尽可能地减少呆滞的损失，而不是消灭呆滞。

当然，“减少呆滞的损失”这句话在实际操作中存在着指令不清晰的问题。是降价销售就叫损失，还是亏本销售才算损失？所以，在库存管理中，我们首先要建立一个零损失的标准。

一般来说，多少钱进，多少钱出，这是大多数经销商能够接受的一种零损失的标准。有人说，应该包括人工、场租、管理费用等，这样一算起来，名头就太多了，而且每个经销商的各项费用五花八门，要统一这个保本的概念，就把事情复杂化了。本着删繁就简的原则，我们还是要统一认识，零损失的标准就是多少钱进、多少钱出。

进货价 100 元，零售价 200 元，结果生意不好，110 元就处理了。在成本价之上处理了商品，也就是在零损失之上、市场均价之下完成交易，这对经销商来说叫暗亏。以此类推，在成本价之下完成交易，这就算明亏了。

对于降价处理，经销商选择明亏还是暗亏，是由什么因素决定的呢？有人说，是由成本价决定的。这是经销商在进行库存管理时最容易犯的一个错误。

比照着成本价来进行库存的降价处理，要么是随着时间的流逝，库存被一块一块地割肉；要么是库存最后彻底变成呆滞品，只能强制平仓，把包装当废品卖。

为什么说比照着成本价处理库存是一个错误？其实道理很简单，如果成本价的多少能够决定库存降价的折扣力度，谁能保证企业定的这个成本价、经销商付的这个进货价的额度是科学、合理的，是符合市场现状的，是被市场所接受的？既然这个价格本是一个拍脑袋定出的价格，参考的价值自然也就值得商榷了。

如果库存的折扣力度与成本价的关系不大，那与什么因素有关系呢？

我们回到为什么要对库存产品进行降价处理这个问题上来。很显然，处理库存是为了套现，那为什么要套现？

一个原因是现在有更赚钱的产品值得投资，与其把钱压在呆滞库存上，不如套现后投在更赚钱的产品上，此时处理库存就是要减少资金的时间成本。所以，以怎样的价格处理产品，与经销商门店的整体毛利水平有关。整体赢利水平差，库存折扣的空间就小，呆滞品不用急着去套现，因为套现后也没有更好的赢利渠道；经销商的整体赢利水平高，库存就需要尽快变现，因为库存即使低价变现，也会有更好的赢利渠道，这个时候，呆滞库存处理的折价空间就更大。

套现的另外一个原因是，可能当下不套现，未来更难套现。库存的时间越长，贬值的风险越大，只要不是古董，绝大部分产品都有这个风险。所以，产品在库房里的时间越长，被处理时的折价空间就越大。

与呆滞库存在库时间紧密相关的一个指标，就是经销商整体库存的周转频率。如果经销商整体的库存周转频率本身就很慢，呆滞品在库房里的时间就算比较长，经销商也可以不用急着降价处理。理论上，呆滞品库存的周转频率比整体库存周转频率越慢，库存折价的空间越大。换句话说，呆滞品库存的周转频率比整体库存周转频率快，呆滞库存折价的空间就越小。

当然，库存的折扣力度还和一个指标有关，就是商品原来的售价，也就是预期售价。原来的售价很高的，折扣的空间肯定更大，原来售价比较低的，折扣的空间自然也比较小。当然，在这些影响折扣空间的因素里，原售价是对折扣影响最小的因素。道理与比照成本价定折扣的标准一样，因为定价的高低本身就有很强的主观性，所以在参照使用时，价值自然就会缩水。

我们发现有四个因素和库存处理的折扣空间的大小有直接关系。这四个因素是经销商门店的整体毛利水平、呆滞品的占库时间、整体库存周转频率以及这些商品的预期售价。

而把四个因素整合起来，正好符合银行复利计息方式的要素，做对应的公式变形后，得到实际折扣价的指导公式：

$$实际折扣价 \geqslant \frac{原售价}{(1+整体顺加毛利)^{入库时长/整体库存周转时长}}$$

这个公式表达的意思是，只要在进行库存处理的时候，实际折扣价大于或者等于右边的部分，经销商就应该果断出手。那么，这个公式在经销商的库存管理中，具体应该怎么用呢？我给大家举个例子，经销商自然就知道了。

一批原售价2992元/只的拖箱，入库时间已经有1.5年，该商贸公司的仓库整体库存周转率1年两次，整体的顺加毛利100%，请问经销商的这批产品，如果进行降价处理，至少应该以多少钱的价格处理才是最合理的？

**原售价：**2992元

**入库时长：**18个月

**整体库存周转时长：**6个月

**整体顺加毛利：**100%

实际折扣价至少不低于〔$2992 \div (1+1)^3$〕，即374元。换句话说，这个箱包到现在这个时间点，如果要处理，不管原来进价是多少，只要以不低于374元的价格进行出手套现，经销商依然属于明亏暗赚。

当然，这个公式还可以反过来用，用来控制经销商产品的最后出库时间。如果所有产品以进货价出售是经销商最后的底线，那么任何产品一旦入库，就可以计算出最后的出库时间。换句话说，只有在这个时间前，以高于进货价的价格进行出售，经销商才是赚钱的。如果超过这个时间，即使是以高于进货价的价格进行出售，经销商也是明赚暗亏。

具体操作，我同样举个例子。

一批原售价2992元/只的拖箱，进货价1496元，该商贸公司的仓库整体库存周转率1年两次，请问经销商的这批产品必须在入库后多长时间内销售完，才能确保经销商是始终赚钱的？

**原售价：**2992元

**进货价：**1496元

**整体库存周转时长：6个月**

**整体顺加毛利：**100%

很显然，经销商必须在6个月内，将这批产品以进货价以上的价格消化完，才能确保始终赢利。超过6个月，必须以低于成本价销售才能确保明亏暗赚。

数字的问题、时间的问题，可以通过CRM系统解决，即使没有系统，Excel的计算功能也能完成。有了产品的监控标准，呆滞品的处理路径是经销商面临的另一个问题。

一般来说，呆滞品的处理途径有传统的方法，也有互联网诞生后的新路径，我给大家做一些简单的介绍。

## 一、在低价平台上消化

对于低值产品，比如单价在100元以内，甚至几元、十几元的产品，属于买来即用，不用做上门服务的产品，如台灯、电吹风、排插等。可以考虑进驻到以主打 9 块 9 产品抛售的低价电商平台上进行消化。如折 800、卷皮、拼多多，这些低价平台的流量不可小觑，只要价格合适，1 个小时内销售几千套也是易如反掌的事情。我们只要根据公式把自己抛售的底价确定好，再加上平台的扣点和运费，一把清空。

## 二、在本地同城的网上、网下消化

对于大件商品，比如橱柜、空调、家具等产品，客单价比较高，又需要配套的上门安装服务，显然不适合在低价平台清货。一般来说，大件产品的压货都不会太多，可以考虑在 58 同城、赶集网等本地化平台上设置好送货区域，开店消化，也有一定的效果。还有一个选择是：做大型活动时，把这种要处理的呆滞品作为鱼饵产品，打出足够震撼的惊爆特价，限量出售。或者是作为活动赠品、活动的引流产品（比如做一个砍价链接），将这些呆滞品处理掉。

## 三、门店联盟之间消化

耐消品的呆滞品处理，还有一个比较有效的渠道，就是门店联盟。作为经销商，要多认识不同行业之间的门店老板，不仅是建材、家具、家电这种行业的老板，甚至包括快消品行业的门店老板。越是不同行业的老板联合起来消化呆滞品，活动越能够吸引消费者眼球。这些产品对于我们这个行业是呆滞品，可能对于其他行业就是很好的赠品，不同门店之间互通有无，相互扶持，活动才能做得更出彩。

## 四、工程项目消化

如果非常不幸，这批耐消品不仅客单价不适合在低价平台上消化，而且数量还比较大，一两个活动、一两家门店消化不了。要将这批产品尽快消化，最好的选择是将这批产品进驻工程项目。现在地产行业的精装房越来越多，只要没有质量问题，工程消化也是一个不错的选择。当然，这就需要经销商平时有资源积累，临时抱佛脚的操作基本没戏。

# 第三章

## 活动，新环境的实战变化

## 第一节　经销商传播的低成本与本地化

说到传播，很多经销商会简单地理解为打广告。其实广告和传播最大的差别是：广告是一对多的告知；传播是一对一的影响，甚至包括多次的裂变。传播与广告概念的区分始于互联网的出现，而传播的价值相较于广告，变成了手机里的朋友圈与街头的大喇叭。

对于以中间商身份著称的经销商来说，由于产品的研发和品牌的调性决定权都不在自己手上。加上广告粗放式的特性，投入大，收效弱，也不是一般的中小型组织玩得起的。所以，经销商一谈到广告，想到的是厂家该如何支持，费用该如何分摊，对于偏向于提升品牌价值的广告，经销商更喜欢背靠大树好乘凉。而对于精准性更好的传播研究，营销界尤其是经销商群体，又显得整体关注度不够。

我之所以强调经销商应该关注传播，还有一个重要原因，就是要提升经销商的本地化价值。广告，有钱就能投，假手经销商，只能说是“有你不多，没你不少”的选择。而传播，没有落地的想法和扎实的执行力，张三来做与李四去干，效果可能完全不一样。这期间的差值，就是经销商提供的附加价值。

广西玉林的一家电器经销商，对大型促销活动的宣传方式进行了一些本土化的改良和创新的有益尝试。

由于现在雇用学生派单页效果差，短期活动投户外广告成本又太大，他就做了二十个长三米、宽半米的平板拖，同时在平板拖上做了高两米、宽三米的三脚广告架。这个三脚广告架上可以固定喷绘广告画，三脚架下面的横梁和平板拖用大号螺丝进行固定，以便于装卸。

这个东西怎么用呢？经销商每次有活动需要宣传的时候，就临时雇用10～20个中年力工，费用大概是每人每天100元左右。每个人带一个平板拖，在三脚广告架上面已经铺好了活动内容的喷绘画。每个人都有固定的城市路线，一天时间，就是围绕着固定的路线，带着这个三脚架广告牌往返不停地走动。由于广告牌非常显眼，这些中年力工一路上也是走走停停。这种方式既避开了工商、城管的约束，活动宣传的区域也变得更加灵活，经销商的创造性也得到了更大的体现。

另一方面，传播本地化，简单一点说，就是将企业的广告变成经销商的传播。

但是，在实际操作中，经销商把传播当广告来做的案例比比皆是。品牌企业在央视、在高炮广告上出现的高端、大气、上档次的广告词，又一字不落、原封不动地在经销商的海报和活动中出现。本应沾着泥土气息的传播，还是一副正襟危坐的官样文章。

知易行难。经销商知不知道这样端着说话不太讨人喜欢？当然知道，但是，一旦进入实操场景，Ctrl + C 到 Ctrl + V 多容易啊，复制、粘贴多简单啊！等活动方案做出来，还是原来的配方，还是熟悉的味道。

从企业广告到经销商传播，翻译法是最务实高效的方法。即从语言形态上，广告是文言文、书面语，讲究字斟句酌；传播是口头语、大白话，重在一听就懂。翻译法就是用经销商当地的方言，转述一遍企业的广告内容，就是一篇落地的传播文案。要判断这个文案效果好不好，拿去给当地60岁以上的老人家读一遍，学历越低越好，是文盲也没关系，他要能听得明白，就是好的传播文案。听不明白？那就改到听明白为止。

当然，这是在传播方案做出来以后的评判标准，“起个大早，赶个晚集”，我们要尽量避免。那么，如何在方案开始之前就掌握正确的方法，找到传播方案的切入点，做出一个好的方案？

我将经销商传播的节点归纳总结为“second 节点”，翻译过来也就是“第二节点”。而之所以叫“second 节点”，是因为这六个传播节点的英文单词的首字母，组合起来正好是单词“second”的集合。接下来我一个个介绍。

1. 差异（difference）

无论是内容还是形式，与竞争对手形成差异，是消费者形成自动传播的基础。过去的海报竞争，为了争夺同一块宣传位置，是 A 品牌的海报贴在 B 品牌的海报上面，B 品牌的海报压在 C 品牌的海报上，这种同质化竞争，大家用相同的手法，在相同的地方，拼人力，拼物力，拼时间的消耗。而差异化竞争与此相反，即使在相同的方向上，也会在某个点上做出差异，从而跳出同质化竞争。

全国各地都有一些地方性的展销会和博览会，参展的对象主要是地方性企业和经销商。这些展会的目的，主要为买卖双方提供一个议价的机会，其实就是一次变相促销和销售的机会。在这些展会上，不少参展商都会免费提供手提纸袋，用来装自家的宣传资料，有些参展经销商会直接用企业配发的手提纸袋作为物料。

手提纸袋是一个宣传平台，参展企业的信息都在上面。我们知道，标准手提纸袋的尺寸是 400mm × 285mm × 80mm，但是消费者只有一双手，如果每个参展商都发手提纸袋，那消费者会留下哪一家的手提袋呢？

基于这个问题，台州椒江区一家做集成家居产品的品牌经销商，在当地的一个地方家居博览展会上，特意将自家的手提纸袋做大一个型号。消费者只要接了他家的手提袋，其他手提袋拿在手上就不方便了。怎么办？很自然的一个动作，就是把其他品牌的手提袋放到他家的手提袋中。结果，在那一次的展销会上，到处看到挎着该品牌手提纸袋的消费者穿梭，这无形之中成为免费的流动广告。

从有你没我，到我中有你。椒江这家经销商在展会上的传播思路，极好地体现了差异化，不仅仅是要“存异”，比如把纸袋的形状做出异形来，还可以在“求同”的路子上，把某个指标做大，甚至实现某种程度上的共生。

2. 标准（norm）

标准是什么？其实就是给消费者设计传播任务，只要完成传播任务，就可以得到对应的奖励，这是我们的经销商在活动当中采用最多的方式。比如在微信“积满108个赞，可以到门店兑换免费奖品”“在软文留言区留言，评论获赞前三名可以获得对应型号的产品”“邀约三人同行，可以一人免单”等。这是传播里面比较直接的任务设计，也是最直接的传播邀请。而且这样的方式，也随着使用人群越来越多，传播效果开始变差，消费者的传播体验也越来越不好。

还是那句话，因利而来，也会因利而去。虽然利用贪婪是营销传播中最简单直接的方法，但也是营销传播中最容易审美疲劳的方法。

3. 户外（outdoors）

要形成传播效果，在传播途径上面，有两个方向是比较有价值的：一个是能形成持续的一对一的传播，比如设计传播标准；另一个则是传播的信息能够持续地在户外得到曝光（这种方式很像广告，但它确实比广告对消费者更有价值），更重要的是，还有人免费地进行信息载体的维护与管理。

“潜水艇”地漏这两年异军突起，在很多五金、日杂店都能看到上样、出货。而之所以能够顺利地铺进大量的网点，并不是靠前期的广告投入引起经销商的注意。相反，他们制作了大量有广告信息、塑胶材质的停车安全桩、警示柱，在繁华地段的门店，挨家挨户地免费送给门店。

为什么这样干？我们知道，随着私家车辆数量的井喷，占道停车、抢停车位是一个比较突出的现实问题。很多商家门口的位置，一不留神就会被占道停车的车辆堵上。而指示停车用的安全桩、警示柱，正是为了解决这个问题而出现的。商家愿意接受这样的物品，也愿意把它摆出来，制止别人在自家门前乱停车。

随着在闹市区大量出现的安全桩，潜水艇的品牌信息也得到了大量曝光。

当然，现在还有经销商制作大量带有广告信息的挪车提示卡，针对车主进行大量投放。这些小东西看似不起眼，但是在使用时，消费者愿意把它摆在显眼的地方，而且还有多次使用的意愿，这样的曝光量，是不少广告都比不了的。

4. 公益（commonweal）

除了用助销物料在户外可以获得大量曝光外，还有一些场合，即使没有具体的助销物料，也可以获得低成本的大量曝光，这个切入点叫作公益。

在“中国梦”深入人心，中华民族全面复兴的今天，提升国民素质，倡导积极向上的社会风气，是这个国家和社会所鼓励的。那么在很多公共场所的言行规范，就是中小型组织进行信息传播的最佳切入点。

比如咱们针对餐饮渠道投放“谁知盘中餐，粒粒皆辛苦”的公益贴，反对的人肯定少吧！在公共厕所里贴上“个人一小步，文明一大步”，在这种场景里面也不违和吧！在公共场所的水龙头上面贴上“珍惜资源，节约用水”，是不是在为公益做一份贡献？在封闭的公共场所里面，贴上“为了您和他人的健康，请不要在公共场合吸烟”的提示性语言，应该也是相当应景的吧！

在国内有一个电工品牌叫卡西洛，就是利用这样的方式，在南方大部分城市的公共场所投放数以万计的公益品牌贴，只用了极少的投入就获得了大量的品牌曝光。

5. 情绪（emotion）

情绪是传播的最好媒介。情绪是什么，情绪是内容、是态度，网络上有一句话说得非常好，互联网时代的营销，就是要“做少数人的首选，不做多数人的第二选择、第三选择”。有态度才会带来情绪，有情绪才有传播价值，经销商在做活动传播时，不会写好的文案，可以！但是在文案中表达一个鲜明的态度，这应该是一个比较好把握的尺寸。

那什么叫作情绪传播呢？就是咱们的文案能够引起消费者共鸣。比如我在一家做暖通产品的专卖店里面，看到他们在消费者洽谈区挂了一幅很有趣的文案。在挥汗如雨的劳动画面上，有十个字非常显眼：为人民服务，但是我收钱。

当时有个消费者在付完款后，看到这幅挂画，会心一笑，拿着手机拍了张图，随手发到朋友圈：今天做了一次付费的人民，价格有点贵，但是服务确实好！

一次润物无声的传播就完成了。

在一些场景做得比较好的餐馆，也会贴出本酒店十类人不接待的告示：对爹妈不孝敬的；对女店员不礼貌的；嫌丈母娘不漂亮的；打麻将专和老岳父的；不给孩子买礼物的；买根冰棍还嫌贵的；口气比拉登还大的；大冬天穿比基尼的；开奥拓硬说奥迪难看的；嫌本店不给打折的。看似行文戏谑，但其实是一种态度，那些认同这些观点的人，不仅会在这里消费，还会将这种态度进行无偿的传播，以彰显自己的态度和情绪。

6. 应时（seasonable）

传播要形成势能，达到核爆效应，应时借势是关键。锦上添花、好上加好的事儿，接受者认为是理所应当；雪中送炭、下雨送伞的事儿，才是经销商做传播要考虑的事情。

现在在助销宣传物料的使用上，有两类物料经过市场检验，消费者接受度非常高，而且制造成本比较低。一类是聚拢人气及小孩子比较喜欢的气球，一类是在夏天临街派发的扇子。这在物料的使用上，就叫应季和应时。广西南宁的一家经销商依据这个原理，还创造出了一个新的物料。

广西南宁的经销商赵总，同样是参加地方性的婚博会。当其他品牌在花钱装展位、请临促、投广告吸客的时候，他就在思考，这种同质化竞争，耗费大、效果差，还听不到消费者的一声好。在听完我的传播要应时、应季后，他突发奇想，查阅了婚博会三天的当地天气情况。也是凑巧，婚博会三天阵雨不断，而且还有可能伴有短时的雷阵雨。赵总做了一个大胆的决定，通过朋友关系，临时定制了一批塑料雨伞，并在这批雨伞上加印了自家品牌的广告。

气象技术的发展为天气预报这类小程序信息的准确性提供了保障。婚博会第一天，早上还是艳阳高照，不到 10 点钟，果然开始下雨。不少消费者刚到展馆不久，就发现展馆外面下起了大雨，一些路过展馆的人也被雨水赶进了展馆。

赵总除了安排员工在展位上提醒消费者外面下雨，特意送上雨伞外，还安排了两个员工在展馆门口给消费者提供免费雨具。很多消费者开心坏了，下雨有人送伞，不是瞌睡来了送个枕头吗？结果，不仅赵总展台现场的人流量大幅增加，成交金额远超其他同行，那些没有在展会现场定下产品的消费者，后来又通过雨伞上的电话和地址，到实体门店达成了交易。

在时令、气候等节点上做传播文章，我国经销商的实战能力堪称世界一流。

## 第二节 做一场赚钱的促销

促销的本质是以量补利，把利润放下来，把销量做上去，下挫的价格与上扬的销量，两条线的交会处就是经销商口中的“保本点”，经济理论中称之为“损益平衡点”。

其实，经济学中的“损益平衡”概念和经销商口中的“保本”说法是有差异的。损益平衡是与过去同期的赢利情况对比，经销商的保本是与进货成本的比较，很显然，经销商的底线更低一些。即便如此，由于经销商很少算细账，一场活动下来，到底赚没赚钱，估摸算个大账，肉烂了都在锅里。只是肉在锅里炖久了，也就化了。

**第一个问题：一场促销活动到底成不成功，判断标准是什么？**

我们首先要想明白，为什么要做促销？一定是做促销比不做促销好！过去三天，每天亏 1000 元，现在三天，每天能赚 1000 元，所以我们要做促销；过去三天，每天只能赚 1000 元，现在三天，每天能赚

2000 元，所以我们要做促销。以损益平衡做参考，包含了亏与赚的多种情况，计算方式更灵活。

以保本为参考线，就改变了经销商开店的初衷。开店不是为了保本，而是为了赚更多的钱。

**第二个问题：一场促销活动不成功，最大的问题可能出在哪儿？**

100 个不成功的经销商，99 个会说是销量不够。换个维度理解，就是人流量不够。但顺着这个意思细究起来就有意思了。因为人流量不够，可能是因为宣传不够、折扣不够，而这些都能归结为费用投入不够。一旦增加费用投入，就需要更大的销量来弥补。这似乎成了一个死循环。

现在经销商为什么还愿意做促销？是因为一旦做活动，多少还有些流量，流量的成本和流量的收益感觉上还能平衡。只是随着获客成本的不断增加，即使轻资产如线上的天猫，获客成本的压力也越来越大。靠着“韩信点兵，多多益善”的流量思路，不计成本的粗放式促销增长的窗口越来越小，经销商促销的精细化脚步已经越来越近。

促销精细化，无外乎抓两头，一头是投入，一头是产出。是用投入定产出，还是产出定投入？这是两种不同的经营思路。

在各行各业突飞猛进，经济环境一片大好的情况下，以产出定投入，大干、快干的思路容易跑马圈地，先发制人，但是在行业增长遇到瓶颈，经济增长呈现平稳状态时，以投入定产出，更易于企业的稳健发展，直白点说，就是活得更健康。

新经销商，正是经过国内经济近四十年的高速发展后，在面临经济新常态时，所需要做出转型和升级的群体。

做一场赚钱的促销，也正是基于用有限的投入来画出增长的基线，也就是底线。然后再按照目标设定、目标分解、资源匹配、计划考核四个步骤来控制促销的节奏。

促销投入也分为两块：一块是价格的投入，也就是利润的折损；一块是费用的投入，也就是价格以外的其他费用。这两块投入的多少，决定了需要提升多少增量来弥补利润的损失，这也是构成精细化促销的基础。

我在《用数字解放营销人》一书中已经演示过主动降价、竞争对手降价、厂家涨价等三种形式的价格折损，推导出来最低增量，也演示过由于需要费用投入，导致增量变化。其实，无论是价格的折损还是费用的投入，都可以归纳为以下这个公式：

$$\text{多赚钱的临界值（销量增长比率）}=\frac{-\text{单品投入变化值}}{\text{新的单品毛利}}\times 100\%$$

**公式的左边：**是此次活动的目标增量比率，也就是活动需要达到的最低增量。只有完成这个指标，才能保证促销前赚的钱与促销后赚的钱一样多；如果能够超过这个增量，每一个增量都是新增的利润。

**公式的右边：**浓缩为两个指标，即单品投入变化值和新的单品毛利。无论是厂家涨价（或是降价）还是自己涨价（或者是降价），都可以很直观地体现在单品投入变化值上；如果有费用的投入，可以将费用分摊到原销量上，依然体现为单品投入的变化。

相对应的是，因为涨价（或者降价）、费用投入等因素，单品的毛利也会有对应的变化，即有新的单品毛利产生。

抓住了这两个指标的核心，就不必为促销管理的诸多因素所干扰，化繁就简，快速找到促销增长的底线。

**举例：**某型号产品原月销量是100台，原毛利是2000元。经销商准备做一场持续一个月的特价款的促销活动，将该型号产品直接降价1000元。要保证经销商在促销前和促销后赚的钱一样多，这次活动的销量至少要在过去基础上提高多少台？

**思路：**每台投入价格折损是1000元，即单品投入变化值为1000元。单品原毛利是2000元，现在降价1000元，新的单品毛利是1000元。投入为负，节省为正，把这两个数值，代入到标准公式中：

$$多赚钱的临界值（销量增长比率）=\frac{-(-1000元)}{1000元}\times 100\% =100\%$$

即做活动的这个爆款产品，销量必须要翻一番以上，即从月销量100台到月销量200台，才能保证经销商在这个产品上促销前赚的钱和促销后赚的钱一样多。

同样，如果其他条件不变，除了下调价格外，经销商还投入了10000元的推广费用。销量增长比率如何变化？

**思路：**经销商原销量是100台，由于活动因素，每台投入的价格折损是1000元，加上经销商额外投入的10000元推广费用，每台分摊的费用是100元。在单品投入变化值这个指标上，从1000元变为1100元。新的单品毛利也因为费用的增加相应地从1000元调整为900元。投入为负，节省为正，把这两个数值，代入到标准公式中：

$$\begin{aligned}多赚钱的临界值（销量增长比率）&=\frac{-[(-1000元)+(-100元)]}{1000元-100元}\times 100\%\\&=\frac{1100}{900}\times 100\%\\&=123\%\end{aligned}$$

在既降价又投入费用的情况下，做活动的这个爆款产品，销量必须至少增长123%以上，即从月销量100台到月销量223台，才能保证经销商在这个产品上促销前赚的钱和促销后赚的钱一样多。

促销目标的导出，是在促销活动设计中最根本性的问题。只有目标靠谱，接下来的目标分解、资源匹配、计划考核才有合理分配的空间。活动的参战人员才有信心，经销商的利润底线也才有保证。

未来，经销商脑袋一拍，这次活动要干100万元，然后拿着枪逼着员工往前冲的机会越来越少了。毕竟“佛系”的00后就要走上社会，战斗在第一线了。他们可不是那种为了钱可以为难自己的人，他们是那些为了自己甚至可以给你钱的人。

那些不讲数字、只讲权力，不讲道理、只讲压力的经销商，已经不能与这些青年在一起愉快地玩耍了。

## 第三节　从“全员营销”到“全面动销”

“全员营销”概念的提出虽然已经有些年头，但是今天来看，显然有些发育不全。但这并无大碍，就像今天也没有人说得清楚新零售是什么，也并不妨碍新零售继续雄赳赳、气昂昂地前进。

全员营销，就是公司人人都是销售的接触点，这是全员营销的第一层意思。更深一层理解，全员营销更倾向于营销整合的含义，即组织内部的每个岗位都以营销为中心，进行资源配置和支持。如果要做到第二层，必然涉及组织架构和职能的调整，对于习惯于从大处着眼，从小处着手的经销商来说，先阶段性地把第一层的事情做好，也不失为一个实用主义的选择。

在上游品牌商的企业里面，全员营销的操作对象更集中于企业内部的人员。但是对于大多数经销商而言，组织队伍都不会太庞大，如果将全员营销的目光只盯着自身内部，多半会犯下“捡了芝麻，丢了西瓜”的教条主义错误。

因此，全员营销必然是一个从上至下的全链条营销，它涉及经销商与企业、员工、消费者三大关系的改变，这也是人人零售的理念对经销商未来定位形成的三大挑战。

**（1）与企业的关系：从单纯的厂商关系，变成在员工和经销商身份之间来回切换。**

在渠道日趋扁平、互联网平台崛起、品牌商越发势弱的大背景下，品牌商和传统渠道商的利润都在大幅削弱。中小企业的品牌溢价越发难以维持销售队伍的支出。前些年，品牌商支持员工创业，员工转变为企业经销商的事情并不少见，但是这些年，将企业经销商变成区域销售人员的逆操作也越来越多。

山西的经销商刘总正是得益于这样的大背景，他的经销商生意在短短四年内翻了十倍。当然，这一次再见到刘总，已经是四年之后了。

当年他还是现在经销的这家企业山西省、内蒙古自治区部分地区的业务员。30 岁刚出头的他，挎着一个早已烂了大街的黑色公文包，365 天在山西省、内蒙古自治区之间来回奔波。每半年回总公司述一下职，每个月底，订单小姑娘像黑白无常一样催着他要订单。虽然日子过得并不轻松，但也还能有空偷闲。

2014 年，得益于我们对这家小规模企业营销体系“轻运营”的建议，当年，企业开始了“全员营销”的销售改制。在这次改制中，刘总由业务员转变为深圳这家企业在太原地区的总经销商。自此，小刘成了刘总，他与厂家的关系也变得更简单了，从此只是钱货两讫，自负盈亏。

四年时间，太原的销售额已经从几十万元轻松越过了 500 万元的关口，但整个山西省的销量还不到 800 万元。今天的刘总，还是一副见谁都笑眯眯，弥勒佛般的憨态样儿，只是斑白的两鬓才不经意地透露出生意人的艰难。

此时的他，还在继续表达对我们的谢意。“轻运营”的全员营销策略去年有了进一步调整。作为经销商，他如今的身份又有了些许变化。从业务员变成经销商，从钱货两讫到深度合作，他如今不仅是太原地区的总代理，还是整个山西省的厂家代表。只不过，他这个厂家代表没有固定工资，而是从山西省的整体销售额中提留5个点，作为营销费用支付给他。

刘总仿佛又回到了起点，但显然比过去的起点更高。

刘总的这种变化，未来在很多经销商身上都会发生，尤其是中小企业的经销商，他们能更快地感受到这种变化。渠道变革的趋势不可避免，经销商渠道正以一种打碎后重塑的姿态艰难地寻找出路。对业务人员和经销商进行全面合并，即经销商就是销售人员，销售人员就是经销商，实现企业减负、员工创富的探索，正是这种艰难的尝试之一。

**(2) 与员工的关系：从单纯的雇佣关系，变成在员工和股东身份之间来回切换。**

经销商招人难，招能人更难，这基本在所有经销商中是个共识。在“大众创业、万众创新”开始以来，整个营销圈就流传着一句口头禅：人无股份不富，马无夜草不肥。把人留住、把能人留住，人留住了还得让他们甩开膀子拼命干活，这是经销商日思夜想的问题。给不给股份根本不是问题，怎么给才是关键。

坐在赵总面前，你怎么也感受不出他是一个已经体量超过3个亿的大经销商了。

在互联网全面兴起的2013年，佛山的赵总就开始研究股改和组织升级。在那个全民创业的年代，跟了自己很多年的小兄弟开始变得有些心猿意马，老赵是一个知道“人聚财散、财聚人散”道理的人，无奈时间仓促，赶鸭子上架，赵总在当年年底就只能有计划、无步骤地推行股改策略。

先是在直营的门店进行试点股改，老赵只占51%，其他的股份由关键岗位和关键员工进行分配。股改是个好东西，一下就把这些小兄弟们的热情释放出来了，在2014年大环境相当吃紧的情况下，几个直营店的销售额几乎翻了一番。过去几年天天喊的建设隐性渠道的事情，就在这一年有了突飞猛进的变化。但是，随着后面符合股改条件的小兄弟越来越多，股改又衍生出了新问题：股份分多了失去控制权，分少了员工们没有积极性。

为了拓展新市场，老赵后来又采取了“不控股创业计划”。老赵根据员工的籍贯，选择性地接下一些新市场，鼓励员工自己注册新公司，回乡创业。对于外围市场，赵总不控股，只参股，把自己一整套生意理念复制到新市场。而这些回乡创业的员工，都是跟着老赵十年以上的，深受老赵影响，能够得到老赵资金、货物、经验的帮助，他们对赵总的支持十分感激。

今天的老赵，除了直营市场是51%的控股，其他市场都是参股，绝大多数员工都已经成了公司股东。而成为股东的每位员工也在拼命地为公司尽可能地多卖一件货，多出一份力。

让员工成为股东，让股东成为员工，当权力和责任无限重合时，全员营销的引擎才真正发动起来。未来是去中心化组织的天下，从大平台衍生出小平台，既为员工，也为企业创造出更多的无限可能。

**（3）与消费者的关系：从单纯的买卖关系，变成在消费者和销售者身份之间来回切换。**

新零售的最终形态，大致就是要实现人人零售、智慧零售和无人零售的局面。而其中人人零售就是通过技术手段，降低零售的门槛，让零售的形态更加泛化。

在以往的营销创新中，老客户的转介绍一直都是重点，在今天信息爆炸的互联网时代，老客户的精准介绍也显得更有价值。2016 年，以二维码为媒介的三级分销体系，由于微商的过度透支而烂了大街，自此被打上了传销的标签，经销商们从来没有停止过让消费者成为销售者的尝试。

湖南邵阳的卢总，主营定制衣柜。在 6·18 建材拼团节上，除了与线下其他异业品牌联合推广外，还着重力推自家的“消费者计划”。

所谓的“消费者计划”，就是在异业推广的资源之外，再单独投入三份资源，针对消费者的推广予以刺激。

这三份资源，一份资源用于邀请老客户到店，送空气加湿器一台，现场采用求助方式，请求老客户现场发微信@五位朋友，也就是潜在的需求客户。老客户引流为当日的活动做了铺垫。

一份资源用于定金客户和买卡客户，活动当日，如果能够两人以上一同到店，在所有优惠基础上，再打 9.5 折。如此一来，除了人气更旺，被带到店里的同行者也成为订单的重要来源。

一份资源用于现场拼单。如果消费者订单在现场优惠等级不够的，既可以自己现场找人凑单，也可以自己邀朋友凑单。这样的相互凑单行为，让那些独自到店的消费者加快了下单的决定。

由于细节执行充分，过程管理得当，当次的 6·18 建材节，卢总成为品牌联盟中订单量和订单额的双料冠军。

对于消费者的全员营销，更接近于人人零售的线下版本。互联网技术只是给我们提供了接近更多消费者的可能，但是要让消费者真正接受你，一个活生生的、充满血与肉的立体中介远比一条信息、一条链接更有冲击力。

在线上、线下融合的时代，最急于改变以适应环境的就是经销商。在生物进化史上，最后能够活下来的，不是那些力量最大、速度最快、个头最壮的生物，而是那些适应环境最快的生物。

善变者善存。正如大工业时代，传统手工业者将彻底消亡的声音甚嚣尘上，而今天我们正魔幻般地经历传统手工业者工匠时代的到来。也许再过十年，那些要打倒一切经销商的声音也将偃旗息鼓。

## 第四节　挖掘老客户的终身价值

一个顾客的价值，营销学上把它分为三类：未成交前的潜在价值、成交后的历史价值、未来的终身价值。随着以消费者体验为中心的新零售时代的到来，对顾客终身价值的挖掘也显得越来越重要。

有不少七十二般变化、三十六种套路都试过的经销商，转过身来，恍然大悟，原来大道至简，深有感触地跟我说："黄老师，其实我们这个行业，只要能老老实实地把老客户转介绍做好，就有做不完的生意！"

在消费者就是上帝的新零售时代，消费者是见多识广的。在查看产品信息时，大多带着挑剔的眼光进行点评。用河南洛阳某品牌经销商何总的一句话总结：顾客现在都是人精，做生意的人多，见得也多，网络信息也发达，你给他说啥，他都觉得你是在骗他。

是啊！用惯了互联网工具的消费者，现在看商家都是上帝视角，看你表演。表演好了，给你鼓鼓掌；表演砸了，尴尬而不失礼貌地笑一笑。他们只有在面对亲人、朋友、同学等熟人的转介绍时，才会自动切换成平行视角。

"我知道你不是为了钱，你就是看到好东西要和我分享"，这才是老客户营销最核心的价值。

现在开展的老客户营销，常用的方法是以回馈老客户的名义给老客户送礼品。通过这样的方式让老客户到店，再通过店员的介绍，要么让顾客再次消费，要么让顾客帮助门店搞宣传、做邀约、转介绍，以此带来新的消费者。

让老客户再来买相对容易些。只要产品质量过硬，售后服务到位，消费者二次消费的概率还是蛮高的。尤其是餐饮行业和理发行业，是最容易形成老客户二次消费的。比较起来，让老客户帮咱们做转介绍的难度相对较大。有些顾客本身就不善言谈，不善交际，有好的感受也不愿意分享，这种性格上的特殊性，是老客户转介绍的效果无法控制的因素。

一味地提高转介绍的回扣、返点、收益，能不能提高转介绍的概率？由于用的人越来越多，老客户的免疫能力也越来越强。现在来看，应该是效果越来越差。效果差，怎么办？很多经销商的对策是提高转介绍前的客户收益，比如不管成不成，先给消费者送个 1000 多元的乳胶枕头。来的人是相对多了，但是经销商的活动成本更大了，老客户的功利性也更强了。

这个年头，想用钱收买人心，代价只会越来越大。同时，老客户的功利性也会传染，即使转介绍给咱们带来了新客户，这样的新客户也是奔着价格来，而不是奔着价值来。

做过老客户营销的人都有这个感觉：因为占便宜、拿回扣，老客户给咱们介绍过来的新客户，销售的结果都不稳定；反而是那些因为咱们的产品和服务让他觉得好，义务给咱们做宣传的老客户，他们带来的新客户才是最稳定的消费金矿。

因利而来，最终会因利而去。用这样的思路，做老客户营销，终有一天，要走到山穷水尽的一步。

如果钱不能解决老客户转介绍的问题，什么才是解决转介绍的关键因素呢？我觉得只有两个字：“心”和“意”。用心，消费者才会感动；有意，消费者才会记住。所以，我把老客户转介绍的秘诀归纳为“三心二意”。

1. 平常心

人与人交往，言谈举止间流露出的是善意还是恶意，是平常心还是功利心，每个人心里都有一杆秤。都说武功的最高境界就是无招胜有招，胸怀平常之心，得而不喜，失而不忧。销售就是要让自己做个好人，顺便做一笔生意。

浙江诸暨有一家高端国际双语幼儿园，范总希望通过和幼儿园合作去推广自己代理销售的学习桌椅。但是经过多次接触，幼儿园表现出了极为抵制的态度，甚至连园长都无法见到。后来范总换了个思路，既然无法进驻，我就在外围持续发单页，每天有空就让店员守在幼儿园放学的时段发单页。

坚持了一个多月，效果来了，连面都见不到的园长突然主动给范总打了个电话。原来，在这一个多月里，范总坚持发单页，一个朋友去拜访园长的时候，正好接到并翻看了单页，觉得这个东西挺好，也想给孩子买一套，但自己对学习桌椅一窍不通，怕被宰，看见这些单页是在自己朋友的幼儿园门前发的，便托园长通过熟人买一套。

范总接到园长电话，非常高兴，当下二话不说，直接按出厂价给园长弄了一套。园长很高兴，感觉自己也很有面子，一来二去，两个人就熟悉起来。但是后来，园长并不提学习桌椅入园合作的事宜，范总也不着急，仍然坚持在园区外围发单页，不干扰幼儿园的正常工作。

又过去了大半年，幼儿园开学报名。园长以朋友的身份给范总来了个电话，说是开学这段时间挺忙，人手不够，问范总能不能帮忙派两个活络的店员去幼儿园临时维持下秩序。即使自己店里开学时也在旺季，范总仍然二话不说，从自己的两个店里各抽调一个人去幼儿园帮忙。

这次的事情让园长非常感激范总，也真心觉得范总是个实诚人。后来，园长主动邀请范总的学习桌椅进到这个高端幼儿园，范总本人也成为这个幼儿园外聘的学习矫姿顾问。

所谓平常心，就是放下目标，不问得失，销售就是水到渠成的事情。

2. 耐心

在一次培训课上，有东北的学员反映老客户营销越来越难。在东北，你让老客户到店领取礼品，人家就是不来。不是礼品大小的问题，东北人好面子，即使手头没钱，也不会让你觉得他是个占小便宜的人，为一件赠品亲自跑一趟，这种事情东北人干不出来。现在是有礼品都送不出去，愁死人了。话音刚落，培训现场金华有个客户分享了这样一个经验：

金华的林老板同样面临老客户好面子，不愿意入店领礼品的问题。她做了几次老客户转介绍的活动，发现由于客户不愿意到店，批量买的一些定制赠品很多都没有送出去。即使到店的老客户收到标准化的赠品，也不会有太多感觉，转介绍的效果并不好。

为了破解这种尴尬，林老板在转介绍上做了两点改变：老客户不愿意到店，那我就按图索骥，把礼品送上门。老客户对标准化产品没有触动，那我就送个性化的礼品。但太个性化的东西成本太高送不起，既要不显得上门送礼品太突兀，又要有能送得出手的礼品。至简至真，就送香蕉、苹果等日常水果吧。

林老板把所有老客户的住址都记录在手机里，每次出去办事只要有空就看附近有没有老客户居所。只要时间够，她一定会主动和老客户联系，询问产品的使用情况，以售后回访的名义，不定期地去老客户的家里，顺带带上一些日常水果。这样的拜访，就像朋友之间的串门走动，而且杜绝了有活动的时候才会想起老客户的弊病，将老客户的转介绍工作贯穿到日常生活中，化整为零。

老客户是人，不是机器。他不会在我们做出一个动作后，条件反射地做出反应。我们只有把老客户当作朋友，老客户才会像朋友一样地帮我们。

3. 敬畏心

销售做久以后，最危险的就是丧失对这份工作的敬畏心，为了达成交易，有时候会放弃一些坚守的底线，导致在老客户的转介绍上因小失大。

湖南的黄姐，从导购人员做到神农氏蜂业的地级市代理商，门店的销售额80%来自老客户的转介绍，其极具亲和力的销售风格也得到了大多数老客户的喜爱。但是，就是这位善于做老客户营销的黄姐，也在老客户营销的问题上犯过迷糊。在一次沟通中，她给我分享了这样一个故事：

蜂胶属于保健品，在蜂业里面属于高端品，价格较高，利润也较好。在黄姐的老客户中，有一位姓彭的中年高校女教师，食用过黄姐推荐的各类蜂产品后，感觉身体得到了极大改善。不用黄姐要求，彭老师开始主动向周围的朋友推荐神农氏产品，她的朋友们也在她的带动下，开始陆续接触这个品牌的蜂胶产品。

有一次，彭老师带着她朋友来到黄姐的店内。这位顾客也是一位中年女性，日常生活中月经有些紊乱。外向的彭老师极力向朋友推荐这个品牌的蜂胶，而且以自己的亲身经历告诉朋友，自己没服用完一个疗程，月经就完全恢复了正常。很显然，彭老师在朋友面前是个意见领袖，朋友完全按照彭老师的意见，一次性就决定购买八盒神农氏蜂胶。

黄姐在这个过程中基本插不上嘴，只是考虑到蜂胶调理月经这个事儿，其实还是要根据体质条件的，所以才在中间询问了这位消费者的月经情况。正是因为这次询问，让黄姐发现了问题的隐患。

黄姐后来给我分析：彭老师之所以吃完蜂胶后月经恢复了正常，是因为彭老师本身属于月经量偏小，而蜂胶是有活血通经之效的。而彭老师的那位朋友虽然也是月经紊乱，但是属于平常月经量偏大的一类，吃了蜂胶，月经量就更大了。黄姐知道，这个顾客买了以后，估计是一锤子买卖。但是那个月销售目标还未达成，八盒蜂胶的销售额正好填上这个缺口。更何况黄姐认为用蜂胶这个主意又不是自己推荐的，也就在那一刻保持了沉默。

让黄姐没有想到的是，不仅这个顾客八盒蜂胶是一锤子买卖，而且彭老师也没再带新客户来自己的店里，甚至于彭老师自己的蜂胶购买量也越来越少。

保持对销售行业的敬畏心，是每一个成熟销售人员最重要的底线。因为你们技巧娴熟，可以用三寸不烂之舌说服大多数人；因为你们行业精通，消费者把你们当作专业的代表。不负所托是上限，敬畏生命是底线。

4. 有意思

要让老客户为咱们转介绍，首先要让老客户乐于参与，而要让老客户乐于参与，就要在老客户参与的形式上多动脑筋。

西安大明宫建材市场做卫浴产品的蒋总，每年端午、中秋等传统节日，都会给老客户打电话拜访。他给老客户打电话可不仅仅是拜访，而是告诉老客户，可以选择一位最重要的朋友，留下邮寄地址和联系方式，由他们以老客户的名义，为老客户的朋友送上粽子和月饼等节日的问候。

这种不给老客户送礼，而给老客户朋友送礼的老带新模式，既让老客户表达了对朋友的心意，又让蒋总接触了大量新客户。

5. 有意义

除了让老客户乐于参与外，还得想办法让老客户记得住。要让消费者记得住，只有那些对他有意义的人和事才会让消费者去记住。所以，我们要将自己的品牌与消费者最重要的信息进行捆绑。

我已经结婚14年，基本每五年拍一次结婚纪念照。当年给我拍婚纱照的罗门婚纱，每年在我结婚纪念日来临之际，都会提前给我发短信，告诉我诸多在结婚纪念日哄老婆的招数。每每想起那些妙招迭出的主意，我一辈子都不会忘记这家叫罗门婚纱的摄影店。

总结一下：老客户营销虽然说的是“三心二意”，其实正是强调要对老客户一心一意。用心去和老客户接触，老客户自然会用心回报你。

## 第五节　羊毛出在猪身上，让狗来买单

凡是免费的营销活动，它遵循的基本逻辑就是：羊毛出在猪身上，让狗来买单。那么，我想问各位一个问题，都是玩免费套路，线上的免费和线下的免费在消费者价值变现上是不是一样的路径？

免费，不是我们今天才听到的新名词。最早将免费策略玩得烂熟

的，是国内各大电视台。虽然早年的广播电视发展有一部分财政支持，但是免费的电视节目不仅带动了居民购买电视机的消费意愿，还为国内早期的企业广告搭建了平台。换一个说法就是，电视台的收益出在电视观众的注意力上。让广告主来买单的模式算是比较早的免费商业模式，这种操作思路也为后来互联网的免费策略提供了可以参考的样本。

作为同样是固定成本大、变动成本小的产业，互联网将从广电行业学到的免费模式同样玩得风生水起。互联网从内容免费（如免费的新闻和各类文章等）开始，到工具免费（如 360 的杀毒软件等），再到产品免费（如京东电商平台的 0 元秒杀等），二十多年的互联网发展，免费成了互联网的标配。

当年，互联网上几家知名做盗版操作系统软件的公司免费将软件提供给使用者，人家赚的是浏览器厂家、搜索引擎厂家、网站导航厂家的预装广告费。靠卖盗版光盘赚钱的都是处于产业链最底端的人，这些人到今天已经没有太多生存空间。十多年过去了，面对线上对线下摧枯拉朽式的渠道再造，线下实体店也被迫拿出勇气，开始尝试免费营销。

免费营销的目的当然不是真的免费，现在连 3 岁小孩都知道世界上没有免费的午餐。我之所以在文章开头会提出线上和线下的免费策略在价值变现的路径上是不是一致这个问题，就是希望线下实体门店在推行免费活动时不要混淆了线上和线下活动执行关注点的差异。

2010 年，iPhone3 刚刚上市的时候，广州某海鲜酒楼策划了一场炒卖 28800 元的“天价月饼”事件。一盒月饼 28800 元，限量 20 盒。这个月饼不白买，因为礼盒里面除了包装精美的礼品月饼外，还奉送当时极其抢手的 iPhone3 一台，以及等值的 28800 元的某海鲜酒楼现金券一套。策划方当时设计的传播口号就是“买月饼，送 iPhone3”。当时这个活动的内容轰动一时，但是真正下单的购买者寥寥无几。持续了一周的

“天价月饼”活动最后只成交了3盒。

这种免费活动的设计，犯了两个根本性的错误：一是“天价月饼”肯定不是拿来吃的，只有送礼的人才会买，但这些人的挖掘需要特殊渠道，没有这个动作加持，活动肯定是自娱自乐；二是如果面向普通大众，就应该遵循羊毛出在猪身上，让狗来买单的逻辑，并对获取者提出转介绍任务，而不是一次性的广而告之，并急于薅羊毛。

一次轰动性的广而告之的行为，可以增加线上的曝光量和关注力，但是并不能带来线下的实际购买。

回到文章开头的问题，线上免费活动的变现路径，是通过收割消费者的注意力资源，然后将这种资源售卖给需要这种资源的人，比如广告主，比如商户。要获取注意力，有转发动作即可，而鼓励线上转发是一个相对简单的动作。所以，线上免费活动成功与否的评判标准是有多少次转发量。

而线下免费活动的变现路径则需要通过转介绍，拉人进店实现购买，让更多的人知道，让更多的人购买，最大限度地以量补利。所以，线下免费活动成功与否的评判标准仍然是带来了多少二次购买量。

免费活动的设计，现在遇到了第二个问题，既然免费活动需要通过二次邀约，增大购买量，实现以量补利，那能够邀约到有购买力客户的人其实都算是有资源的人。今天这个社会，越有钱的人越有资源，越没钱的人越没有资源。有钱的人不屑于出卖资源来省钱，没钱的人没有对等资源可以交换。这样设计出来的免费活动，缺少一个发动的引擎，好像是一个死循环。

王总是某学习桌椅品牌的东莞代理商。对于这种儿童学习类产品的购买，从最早的胎教、早教用品，到后期的母婴用品、电教产品，他们的目标人群其实是高度重叠的，而且这样的人群也很容易形成一个小圈子——宝妈宝爸群。由于宝妈宝爸群相互影响购买的概率非常高，王总也在不遗余力地寻找消费者变销售者的G点，拧开自动销售的那个阀门。

2018年，王总推出了“寻找全城青少年健康公益活动推广大使”的活动。凡是在指定时间内购买了公益款（也就是该企业的特价款，公司产品线价格最低的一套）的学习桌椅的消费者，只要自愿签订合同参与“XX品牌青少年健康公益活动推广活动”，获颁成为“公益推广大使”的证书。从购买之日起，一年内介绍三位消费者购买指定公益推广款，到年底就可以凭收据返还自己购买学习桌椅的等值金额。即使到年底没有完成3位数量的购买者指标，也可以按每介绍一位返还30%购买金额的标准进行退还，返完即止。

想法很好，设计也颇具新意。但是王总的店位于东莞南城的富人区，用她自己的话说，这里的女人是富太太，对于邀约新客户返现的做法，这里的宝妈显得较为抵触。“都是朋友，没必要占人家便宜！”

这个免费活动最后也无疾而终。

富太太是不是高端学习桌椅的购买人群？当然是！这个活动也设计了明确的邀约动作，只不过“占便宜”的想法不被这类人群所接受。后来，这个活动的邀约机制稍作调整，换成了“四人同行，一人免单，好朋友，利共享”的拼单模式。结果，有些消费者甚至在现场直接叫来了宝妈圈里的小伙伴，买三送一的拼单方式提高了单次的销售金额，实现了以量补利。

所以，线下免费活动要有效果，有两个关键环节要控制住：一是要找到活动传播的种子客户，活动设计要有传播点；二是要建立合适的邀约购买机制，实现买单才是关键。然后在此基础上，遵循羊毛出在猪身上，让狗来买单的逻辑进行操作。

我们来了解一下现在市面上主流的免费模式，看一看每种免费模式在操作上有哪些要点需要关注。

**概率免费：**什么是概率免费呢？就是不会所有人都免费，只有符合某些条件的人才能享受免费。比如我们现在做活动经常会看到，消费者交钱以后，会让其参与一个转盘抽奖，如果消费者转到免单，可以全额返还。抽中免单，就是概率免费。

这种形式好不好？我觉得至少在传播点上还有很大的改进空间。

某高端学习用品品牌曾经策划“消费者买产品，孩子考上十大名校，全额返货款”的活动。这是一个典型的概率免费活动，只有考上十大名校的消费者家庭，凭录取通知书方可全额返款。

这种活动相较于转盘抽奖，有一个重要的活动传播点，就是十大名校的噱头。这与2018年华帝“俄罗斯世界杯法国夺冠，华帝退全款”的策划蹭世界杯的热点异曲同工。

**试用免费：**淘宝的试用中心，有大量免费的产品提供给消费者，这是互联网上最典型的羊毛出在猪身上，让狗来买单操作模式。在线下，试用免费有没有？也有，现在一些家庭净水设备的销售商推行先试用后付款，不满意退货的活动。2009年，欧普照明在推广花灯新品的时候，也曾计划推行试用三个月，不满意全额退款的活动。

湖北咸宁有个做整体橱柜的经销商，有一个促单的小妙招：每次当消费者犹豫不决，难以成交时，他都坚持说：“这样吧，我的橱柜免费安装、免费试用，三个月后要有质量问题，我再免费拆回来。”你想啊，橱柜这个物件，拆回来也是个坑在那儿。

基本上，每次这么一讲完，消费者都会说：“免费倒不用，你只要敢保证质量，我肯定在这儿买！”

**诱饵免费：**这种免费的产品，一般都是低值品，比如脸盆、鸡蛋、灯泡等，主要是用来聚集人气。这种人群的价值，就在于捧个人场，在实际销售上的价值比较小。而且免费的诱饵产品费用无法转嫁。现在市场上有一个新生事物，叫共享售纸机，只要手机扫码，每人每天可以免费领一包纸巾。这也是一个典型的羊毛出在猪身上，让狗来买单的操作。

有个做餐饮加盟的经销商，了解到一个朋友拿到了某个共享售纸机品牌的加盟资格，听说这位朋友正缺机器的投放点，这位经销商主动请缨，两人一拍即合。机器是朋友提供的，里面的纸巾是广告商投放的，扫码取纸的人，都是这家餐饮店的潜在顾客。

因为有了这台共享售纸机在店门口摆着，在餐饮一条街上，这家店的生意明显比别家红火。

**泡沫免费：**是指免费的产品，价值含量泡沫较大。比如格兰仕微波炉曾经启动过“买微波炉，送大金表”活动。所谓泡沫赠品，其实就是指这类看起来价值高，但实际采购价格很低的产品。

这些泡沫产品去哪里找呢？一是去淘宝、1688 这些网上找，这上面有很便宜的商品。当然，现在网络这么发达，淘宝上能找得到的商品，消费者不一定买账；还有另外一个办法，经销商还是要多结交一些开门店、做生意的朋友，多个朋友多条路。在这些朋友那里，拿些特色产品做赠品，价格肯定也要便宜一些；这些朋友也会偶尔有尾货或者是呆滞库存要处理，救人之急，解己之困，这就正应了那句话：你好，我好，大家好。

湖北武汉的胡总，活动的赠品都会从生意场上的朋友处入手。比如“五一”大促的活动赠品乳胶枕，她就从朋友的店里购进。市面价300～400元的乳胶枕，她的拿货成本也才30～40元。乳胶枕头既时尚又实用，消费者喜欢得不得了，经销商的活动成本也低。

**转介绍免费：**快消品里最喜欢玩的就是“买几送一”的捆绑促销，但是对于耐消品，“买几送一”的操作对于消费者来说显然不够现实。那耐消品能不能做“买几送一”的类似活动呢？当然也能，前面提到的东莞王总的“公益推广大使”活动，就是典型的通过老客户转介绍新订单，再实现全额返款。

转介绍免费这种活动的效果也会因人而异。在实际操作中，那些奔着免费目的，拼命介绍新客户的老客户带来的订单，一般成交的概率比较低，即使成交，金额也会比较小；反而是真心实意觉得产品好，就是希望把好产品分享给别人的老客户，带来的订单不仅成交概率高，而且成交过程也趋向简单。对于这样的客户，与其用转介绍免费，不如用拼单方式，直接把价格放下来，或者是赠送等值礼品的方式，反而能更长久地维护客情关系。

**无变动成本免费：**2018年8月，深圳南山春茧体院馆搞免票活动，活动链接发出来不到30分钟，阅读量激增。暑期里，各类电影院线也会搞“三人同行，一人免单”之类的活动。对于这种变动成本很小的服务行业，似乎免单的底气更足一些，而耐消品则有较大的变动成本，这种免费方式能不能用呢？

河南许昌的徐总，是国内某热水器品牌的代理商。他做小区销售的方法，就是联合物业，在小区公告栏上公布自己公司的安装师傅将于某个时间段为该小区内所有住户提供热水器的免费安全检测。这个免费检测，不仅针对自己代理的品牌，其他品牌的热水器，只要消费者拨打服务电话，在这个时间段都能获得免费服务。热水器的正常使用年限一般是8～10年，但是国内消费者使用热水器超过这个年限的应该是大量存在。根据小区的年限和地段，可以筛选出大量有价值的小区和住户。随着安装师傅2～3次上门检测，影响消费者更换热水器的概率也越来越大。

## 第六节　促销活动的消费者漏斗

幸福是奋斗出来的，这其中包括促销活动的结果。

促销，是一个组织者对参与者施加影响的过程。尽可能地扩大覆盖面，然后通过筛选机制，把最有价值的消费者有目的地层层筛选到漏斗的底层，就能把原本看似偶然发生的购买行为锁定为必然发生的购买结果。

促销是一个方案设计，既然是设计，就可以加入很多人为的因素，这些人为的因素就是经销商的促销动作。如果把促销看成一条时间线，这条线是可以分成很多段的，而只有在每一段上做出了正确的促销动作，促销的行为才会显得自然，促销的结果也才能水到渠成。

也正因为促销的结果是可以控制的，促销的行为才变得有意义。不可复制的活动，才是促销最大的灾难。我将促销活动分为十三个步骤，也是通俗上讲的“十三邀”。这相当于一份清单，经销商们以后在做促销的时候，可以比对着看自己的促销设计是做多了还是做少了，是有效果还是没效果。

## 一、邀促销的圈子

说起做活动搞推广，经销商立马想到的是做消费者宣传，去教育消费者，去告知消费者。好像只要消费者知道我们的品牌了，我们就能成交了。这种条件反射式的思维模式，最容易把我们带到竞争的红海之上。

反正这种方式能不能成交我不知道，费力费钱，我是知道的。

如果要跳出红海，另辟蹊径，经销商可以干点什么呢？

家居建材产品的消费是一个有顺序的集中消费，从上到下，从里到外，前面消费的品牌可能会带动后续建材的使用。针对这样的特点，促销准备的 28 个环节中，经销商首先要积累的，不是拼了命地去找消费者，而是先要进入一个合适的经销商促销圈子。建材、家电这些耐消品，社区促销做得好的经销商，都有一些固定的圈子，驴友圈、摄影圈，张三带李四，王五带赵六，他们会经常一起玩耍，一起赚钱做生意。

这些年建材行业流行品牌联盟、异业联盟，互带流量是这种特点的集中应用，针对本地建材产业链的上下游经销商，进圈子，混脸熟，则是这种应用的进阶版。

有质量的促销圈子，除了能够互相带动客流，更重要的是，对于很多后装修材料，包括电器产品，如果比较前置的材料，如油漆，已经被业主采购，业主多半会对这个油漆品牌形成基本的信赖。在业主享受服务过程中，他很有可能对于后期采购的材料征询一下这位建材专业人士的看法，问上一句："你知道××灯具品牌吗？"

关键时刻，一句顶一万句。如果你没有混入这样的圈子，油漆品牌的经销商随便应上一句："哦……这个品牌？不好意思！我不太清楚！"这个时候，不管你对这个业主拜访多少次，这个订单很可能就莫名其妙地丢掉了。

## 二、邀种子客户

活动正式启动。一场活动的传播必须要有中坚的传播力量。换句话说，如果其他客流的通路都堵死了，中坚传播力量的客流也能兜底。所以，某种程度上来说，种子客户带来的客流是经销商可以控制的，是销售的基础。

哪些人适合做种子客户呢？主要有三类：

（1）已经成交的老客户。

（2）前期登记的意向客户。

（3）自己及员工的亲朋好友。

这些客户都是外部人员，经销商要控制他们的传播行为是很难的。但是可以通过人盯人的方式，分解到员工人头，对员工可以考核，对外部人员可以奖励，通过奖惩的方式来推动种子客户的传播。

将这些种子客户以分类的形式拉进不同的临时群里。回馈老客户送礼品，邀请老客户介绍新客户；用活动力度和现场体验，邀请意向客户来“捡便宜”；用红包开路，让亲朋好友带你进入同城新群，接触到更多的潜在客户。

建立“种子群”和用红包保持热度是关键。

## 三、邀更多的人传播

一场活动，关着门自娱自乐是最尴尬的事情，只有最大化的传播，才能提升活动的热度。

要覆盖更多的人，传播方案的设计至少要有三层：一层就是前面提到的种子客户在朋友圈的传播量，要有策略和红包推动；一层就是活动现场的传播量，要对临促人员有考核；还有一层是活动蓄水期间，派单和卖卡数量，要对参战人员有考核。

这个阶段，老客户、意向客户必须电话通知，辅助以短信、微信提醒；用红包发动身边的朋友，在朋友圈发活动信息，添加意向客户；老客户进店免费领礼品后再转发；蓄水期间现场成交客户设计红包转发机制；近商圈采用气模派单；外围商圈采用气球派单等。尽可能考虑到更细的环节。

总之要记住，这个阶段有一个重要口诀："两气一包，人气必高"（两气：气球、气模；一包：红包），让消费者爽起来。

## 四、邀更多的人接受预订

定金升级是锁定客户的常用方式，在开业群里做"红包膨胀"同样能增加潜在客户的机会成本。什么意思呢？在线下地推的时候，偏重于采用定金升级，比如交 30 元定金抵扣活动产品 300 元。

在线上拓宽建议采用红包膨胀的方式：在分类的临时群里通过发红包（群主红包），提高群的活跃度，同时潜在客户在群里抢得的红包金额，可以在活动期按 2 倍、5 倍、10 倍（根据红包设计的大小制定）的膨胀金额，抵扣实际到店消费产品的费用。举例：潜在客户在群里抢得了 1 元红包，活动当天可以抵扣 10 元的消费金额。

通过线上、线下联动，线下的定金可退，可换购其他产品；线上在群里，群主每天公布抢得红包的膨胀额，既提高群的活跃度，又能提醒潜在客户的损失和收益。需要注意的是，活动前累计统计出的定金客户、膨胀客户名单，在活动正式开始前一天要进行电话、微信、短信的再次提醒。

## 五、邀更多的人来

不是参与了认筹的消费者才有价值，那些两人同行、三人结伴的群体消费者更有价值。那些即使不是来购买产品的消费者，也能为我们带来现场的人气。

所以，活动现场一定要设计一些免费项目，比如设立进店有礼奖，奖品不用太贵，低值实用的商品最合适，一个指甲钳，一包抽纸，让占便宜的人过来捧捧场。

同时要出台鼓励多人同行的措施，这也是为现场拼单做铺垫。通常采用的办法是，鼓励已经认筹的消费者两人同行、三人结伴，对于能够带来更多人流量的认筹消费者，应给予更高的激励和行为奖励。

另外，耐消品是群体决策的产品，家庭组团购买的概率更高。有些产品是偏女性购买者决策，有些是偏男性购买者决策，决策者不来，消费者即使来了也没有办法决定是否购买。

所以，要根据产品特点，确定必须到店的消费者是谁，是男是女，然后出台针对这类消费者的到店奖励。比如以男性为主的功能性学习桌椅，可以设立全家到店参与亲子活动的，有额外奖励。

## 六、邀消费者留得更久

如何让已经来的人不轻易离开，对于比较集中性的促销团购会，通常从以下两个方向想办法：一个是会场的选择，一个是现场活动的设计。

比如说，会场的选择要么是比较偏僻的酒店，这需要有交通工具，把消费者成批拉到指定地点，消费者来了也没有办法走，只能跟随大部队；要么就采用闭门团购的方式，会议不结束，消费者找不到合适的理由离开。

从现场活动的设计来看，要设立一些消费者能够自行参与体验的产品（产品材料解剖的看与摸、视频资料的互动演示等）、参与互动游戏的环节（比如说转盘抽奖等），甚至有些活动现场的互动设计，既要考虑大人，也要考虑小孩子。

## 七、邀消费者多少买点

让消费者买单是促销的永恒话题，让更多原本没有购买计划的消费者下单购买，也就是冲动型购买，才能形成整体抢购的态势。所以，对于已经到场的消费者，如何让他们购买产品，而不是空手而归，这也是促销设计的关键点。

在活动价之下，一定要设计一个特价款，或者叫公益款。因为促销活动的目的是要最大限度地榨取消费者剩余价值，无论活动力度多大，总有人嫌贵。特价款或者公益款就是针对“还是觉得太贵”的消费者推出的，并与对价格不敏感的消费者进行区分。

这个公益款可以是呆滞库存，也可以是使用范围比较广的品类，比如小台灯、落地扇，谁家里多一个不多，少一个不少。但关键是这些产品的价格是任何时候都买不到的。

## 八、邀消费者多买一点

让消费者多买，设立消费坎级是常用的方法，但是很多时候会让消费者觉得负担太重（得买到一定的量），优惠太低（还有更高的优惠等级自己拿不到）。所以，消费坎级是让消费者多买一点的基本策略，而不是主要策略。

在促销活动中，设计消费拼单，才是让消费者满意多一点，消费多一点的重要方法。所谓消费拼单，就是在消费者单独购买未能达到规定的优惠坎级时，可以向促销员或者拼单员求助，由促销员或者拼单员登记下该消费者信息，必要时选择其他消费者的订单进行拼单，让消费者获得意外的优惠额度。当然，拼与不拼的权限，自然是在促销员的手上。

这样做有两个好处：一是为消费者优惠提供额外的帮助，能够增加消费者对门店的好感；二是能够有效地获取更多的消费者信息，便于下一次的客户追踪。

## 九、邀消费者买贵一点

让消费者买新品，买利润率更高的产品，在促销设计上，关键是要循序渐进，抓住那些已经购买了产品的消费者，进行产品升级的切换。这就像已经买了普通舱的机票，只要再额外付出一点，乘客就能临时升级为商务舱一样。

将店内产品分类，按照指导零售价从低到高配对排序。除了最贵的产品，其他产品都能对应一个更高一级的产品型号。让所有销售人员熟背这个产品顺序，在销售推荐过程中，至少要植入一次消费者感兴趣型号所对应的上一级产品型号。

比如凡是已经购买了某款电饭煲的消费者，促销人员都应该至少进行一次消费引导：您好，我有责任提醒一下您，您现在购买的这款电饭煲，只要再加 198 元，您就可以换购一款我们最新推出的云智能语音多屏演示电饭煲……

## 十、让消费者有意外惊喜

让消费者买单，对于不少门店或者是经销商来说有更多的心得和手法。但是怎样让消费者买得满意，而不是变成一锤子买卖，这就需要意外卖点的设计。

因为消费者的心理是：我付完钱了，你还能让我爽，才说明你们是真的重视我。要么采用标准化设计——比如设置一台抓钱机，看消费者的运气；要么给每个销售人员手头一个小策略，让销售人员最后再添把火。

记住，意外卖点是在消费者买单之前并不确定一定会获得的某种优惠。比如卖空气净化器的，对于大额购买的消费者，可以在买完单后，赠送一套简易版的家居环境监测的服务；卖灯具的，可以赠送一套简易版的光环境监测服务。其实花钱也不多，但消费者感觉挺好。

## 十一、邀消费者做再传播

自媒体时代的到来，为消费者的口碑传播带来极其方便的工具。在促销活动设计中，如何让消费者主动进行传播，这是促销设计中必须考虑的问题。

我们需要考虑消费者会在哪些情况下，主动地传播和促销有关的信息，也就是消费者的传播点如何设计。有人说，商品如果超出消费者购买预期，消费者会主动传播，但是每个消费者的购买预期是不可量化的概念，所以也无法操作和控制。

通常我给经销商们的建议是，在促销现场做一些异类设计。比如促销人员都穿着西装、打着领带，消费者不会传播，但是如果促销人员都穿着蜘蛛侠的服装，消费者拍照、传播的概率就会大大提高。

当然，对于成交客户现场转发微信的，再给予红包刺激，也可以作为一个选择。

## 十二、邀消费者下次再来

返场的设计，是考虑某些未能现场购买的消费者还能够有后悔药吃。返场设计只在活动开展期推出，在蓄水期不予考虑和宣传。

方式有两种：一是在规则上有个返场设计，这个规则只在活动结束后针对未成交消费者推送；二是在活动结束后消费者再次回来时，销售人员可以灵活掌握。导购确认的二次返回顾客，可以有最低底价的灵活权限。

但这种返场活动的设计，一定要保持精准性，如果不能确认是返场客户，宁缺毋滥。

## 十三、邀员工对赌

苏乞儿想不明白的降龙十八掌的最后一掌，竟然是将前面的十七掌一气呵成，十七掌变成一掌。

“十三邀”前面十二个邀要真正落地，也靠的是最后这个动作。

活动期间，一定要让员工血脉贲张，亢奋异常，让员工的情绪去感染消费者。活动期间就是门店的战时，虽然我们不会让员工永远处于战时，但是进入战时就得有战时的样子。

大型活动有誓师大会、摔碗酒、立军令状这些仪式感的东西，能够强化员工的承诺感。同时，我还建议经销商朋友与员工签订活动的对赌协议，保底销量是多少，目标销量是多少，大满贯又如何。达成怎么奖，达不成怎么罚，白纸黑字，签字画押，贴在墙上。蓄水活动期间，每天检视，日清日高。只有坚持到最后，才有最后的结果。

## 第七节　店外引流的“利他思维”

互联网时代，去中心化的一个重要结果是流量分散化。不要说大大小小的各类家电、建材、家具专卖店人流量不足，就算是曾经宾客云集、如今耗资数百亿誓要打通线上与线下的苏宁、国美，不少地方的门店也是门可罗雀。

人流量的分布变化，对线下实体店带来了最直接的冲击。坐店等客上门的生意模式生存空间越来越小。实体店的经销商集体进入了“出去找食吃”的时代。

“出去找食吃”意味着从坐店交易的双方关系进入了店外引流的三方关系，经销商不仅要服务好自己的最终用户，还要兼顾为咱们搭建引流渠道的中间客户利益。

坐店等客上门，消费者的活动轨迹是以门店的位置为活动中心，消费者是呈聚集状的，此时经销商的获客成本是最小的。店外引流，消费者的活动是呈无规则的热分子运动，要把这些有同质化需求的消费者一个一个找出来，难度可想而知。经销商的工作是，必须找到潜在消费者新的聚集中心，才能实现精准获客。

在今天以社群为单位的社会中，物以类聚、人以群分越来越成为一个重要的分类标准，这也为商业社会的繁荣提供了便利条件。做商业推广，经销商只要按照社会已有的分类标准，学会与各类目标机构打交道的方法，经销商的店外引流也会变得越来越有章法。

比如对于家电、建材、家具这一类产品的店外获客，小区推广是一个重要战场，因为目标消费者在这里形成了聚集。同样，对于售卖儿童消费品的经销商，比如学习机、儿童家具等产品，选择幼儿园、培训机构这样的聚集中心，也会是投入小、产出大的一项工作；而对于针对老年人使用的保健器械这样的商品，想办法进驻老年大学这样的社会机构，往往能事半功倍。

社会机构大部分是盈利机构，给钱，当然是解决问题的好办法。但是，还是那句话，因利而来，也会因利而去。只是给钱，不仅可能办不成事，还可能会坏事儿。

朱总接手了一个儿童学习桌椅的新品类后，就开始组建队伍在哈尔滨地区进行推广。儿童学习桌椅的主要使用人群是6～12岁的儿童，这个群体与学前班和小学的人群高度重合。在厂家的要求下，他通过朋友的关系，认识了当地一家私立幼儿园的园长。除了搞定幼儿园的园长，朱总对每一位在幼小衔接班成功推荐桌椅的老师，会根据成交额给予500～800元的红包。一切安排妥当之后，朱总就坐等收钱了。

结果，当第一位老师推荐成功拿到红包后，不仅没有形成示范效应，反而导致其他没有拿到红包的老师开始产生了“酸葡萄心理”。他们认为在园区的推销行为是不务正业，搞坏了幼儿园风气。那位第一个拿到红包的老师也成为其他老师攻击的对象，并且有人将这件事情投诉到了幼儿园的董事长那里。

事情一闹大，幼儿园开始清理不相干的商业行为，因为被教师投诉影响了正常的教学行为，园长为了保住工作，第一个表态要清退学习桌椅。朱总花了两个月构建的关系，不到两天就土崩瓦解了。

经销商与社会机构合作，类似于B2B业务，而这种组织对组织的业务，最怕变成简单的搞关系。我们要想清楚一个道理，任何组织的存在，都是要解决某个特定问题的，如果我们与他的合作，不是在帮助解决问题，而是在添麻烦、增加负担，这种合作就会变得非常脆弱，沦为酒肉朋友。

酒肉朋友的特点是什么？有酒有肉是朋友，没酒没肉靠边走，冲突来了下黑手。要从酒肉朋友到真正的朋友，除了利益交往，还得有金钱以外的相互照应。只有这样，才能解决“好处很多人都能给，为什么要拿你的”的问题。

当然，这样一来，与机构合作的成本可能就增加了，店外引流的工作本来就耗时、耗力还费神。现在还要有钱以外的相互照应，事情似乎变得更复杂了。

所以，为了降低工作量，提高工作效率，应该加强对合作机构的筛选，通过方法加经验，将一些低价值的、购买力弱的机构先剔除出去。

比如判断一个合作机构的目标人群的消费力，第一可以看合作对象的名称。

名称虽然只是一个称呼，但蕴含了大量的信息内容。金域蓝湾和健民花园相比较，金域蓝湾更像是高档小区，这是从名称上直接判断。比如判断儿童培训机构的消费力，像某某钢琴班、某某舞蹈班这样的专长培训班，肯定比文化辅导班、午餐托管班等机构学员家庭的消费能力要强，愿意花钱在文艺专长上进行培养的家庭，消费力自然要比课业培训班的家庭更胜一筹；再比如幼儿园，太阳花幼儿园和某某国际双语幼儿园，从名称的定位上也能看出消费能力的差别。

第二是看合作对象的物理结构。在选小区的时候，优先选择进出口少的小区；选择幼儿园的时候，注意幼儿园的活动场地大小、活动器械的数量和种类甚至品牌等，从这些方面判断机构的档次。

再不济，找个人去小区以买楼者身份询价，以家长的身份去幼儿园，以给父母办理入学咨询的名义去老年大学了解收费水平。总之，国内的经销商有各种办法快速判断一个合作对象的价值，我就不再赘述。

再回到"利他思维"的话题上来，在店外推广的利他行为大致分为四个层面：配合你的工作；让你的工作出彩；解决你的痛点；让第三者受益。

## 一、配合你的工作

无论与哪类机构组织合作，这些组织都有自己正常的工作职责。比如培训机构是要教书上课的，小区物业是要维护小区环境秩序的。我们以这类机构为公关对象，那我们的产品能不能在他们正常的工作范围内，帮得上忙呢？如果不能，能不能换一种方式，在他们使用的工具上面提供支持呢？

现在，以这样的方式进行合作的经销商最多。比如我们看到的在小区里以品牌形式投放的楼层贴、提示牌等，在培训机构看到的标有品牌印记的奖状、奖品等，都是处于配合合作对象工作的层面。

## 二、让你的工作出彩

在机构正常的工作之外，各类机构都会举办增强机构黏性的活动。比如培训机构会举办亲子活动，小区会举办中秋、国庆业主大联欢等。这些活动既需要费用，也需要策划，还需要组织和参与。经销商通过赞助的方式在活动中将自己经销的品牌嵌入进去是最常见的做法。

但是，有些小区、培训机构并不是年年都会举办活动，经销商可不可以未雨绸缪，做活动的倡议者呢？有些经销商将自己在其他地方看到的更好的活动形式与物业公司进行交流，得到对方认可后，全程参与到活动中。自己主导的活动，品牌的曝光次数也就在自己的掌握之中了。

## 三、解决你的痛点

留心机构最头痛的问题，并根据这些问题提出解决性方案，这是能够最大程度得到对方支持的做法。

任何机构都有难题，只看你有没有能力去解决。比如物业最大的难题是收取物业费，培训机构最大的难题是每年的招生。在能够为对方解决难题的前提下，即使有产品推销的动作，机构对这样的行为容忍度也会大幅提升，有时甚至会帮你的忙。

福建福州，一家做热水器的经销商在进驻小区与物业打交道的过程中，了解到各个物业在管理过程中最头疼的问题是收取物业费。业主拖欠物业费，物业上门催收，成了小区管理的常态。

根据物业管理的这个痛点，经销商创新发明了物业抵扣券的形式。每次在开发某个特定楼盘之前，他都会和楼盘的物业谈好。只要是这个小区的业主选购他所在门店的热水器，不仅能够获得活动价格优惠，还可以根据消费金额，买电器送物业抵扣券，这些物业抵扣券可以在消费者所在的小区冲抵年度的物业费用，物业公司凭这些抵扣券和经销商进行现金兑换。

这种针对物业痛点的送券活动，无论是在宣传力度，还是活动推进的时间上，都得到各小区物业的大力支持。为了形成长期的合作，该经销商不仅对初次购买热水器的消费者送券，即使是其他品牌的热水器需要维护和修理，只要有一定的消费，同样能换取数额不等的物业抵扣券，这样就扩大了物业抵扣券的使用范围。

## 四、让第三者受益

门店在做引流的时候，除了对引流合作对象要“利他”，对平时联盟的异业商家，即使不在合作期，也要有“利他”思维。

今天，家电、家具、建材等行业做活动，最常见的一种形式就是品牌联盟。油漆、地板、瓷砖、窗帘、灯具、橱柜等各个品类绑在一起，进行一站式推广，其中最重要的一项工作就是各个品类之间相互带单。

我们好不容易进入了一个机构，获得了机构的信任，一定不要只想着自己的产品卖得好就行。要想做长久生意，一定要时刻绷着“利他”的这根弦。

即使我只是一个做橱柜的经销商，但是也不要只去看客户的厨房，而要在条件允许的情况下，看看客户的窗帘采购了没有，地板有没有定好品牌，衣柜有没有确定……不要只在品牌联盟期间，才想着给其他品类带单，而是要见缝插针地带订单。今天咱们给油漆品牌带了单，改天油漆品牌就可能给我们带个单。人人为我，我为人人，只有平时下功夫，关键时刻，订单才会源源不断。

# 第四章

## 团队，人才是用出来的

## 第一节　选对人，先把这三个坑填满

大部分人都知道，招聘途径大致有内部举荐、网络招聘、朋友介绍、店面广告、同行挖墙脚、亲戚加盟等诸多途径。知道应该从哪里招人简单，但是要知道怎么招聘、招什么样的人合适，大部分经销商都是操的统计学的心，中的体育彩票的命。是否合适，全看运气!

今天，我们就探讨一下经销商在招人的时候三个重要的关键性问题。

### 一、是招聘能力互补的人优先，还是招聘价值观相似的人优先

我们当然知道，招到能力互补、价值观相似的人肯定是最优选择，但是鱼和熊掌兼得的事情，在现实操作中其实是小概率事件。

既然是小概率事件，这个问题就容易把经销商搞糊涂。因为今天A专家说，我们招人要有容人之心，只有把各有专长的人组织起来，组织才能越做越大。明天B专家说，价值观是第一位的，你看阿里巴巴招人，都有一个“闻味官”，就是闻一闻被招聘者身上有没有阿里巴巴的味道，和阿里巴巴价值观不相同的人坚决不招。阿里巴巴都这样做，我说的肯定没错。

这些说法在经销商的实际应用中有好有坏，看起来和做起来都是有一定道理的。

我看了不少经销商招人、用人、辞人、留人，我的看法是：发展需要能人，稳定需要价值观。

怎么理解呢？经销商规模小的时候找一些能力互补的人，应该优先考虑，咱们能力小的时候，脾气就得小点，有能力的人，咱们得容得下，用人所长。当企业有一些规模和建制的时候，价值观相似就更重要，价值观不相似，能力越强，破坏力越大。

有人说，你说了这话等于没说，还是刀切豆腐两面光啊！这个结论在实际中怎么用呢？我们一个一个来说。管理与自己能力互补的人，管理能人，对于小组织来说，最麻烦的是什么？

这是很多能人型雇员，合作一段时间后的标准抱怨：

我刚进来的时候，你说让我放开手脚干。好啦，我放开手脚干了，现在干出问题来了，你来找我算账了！你说这事儿不能干，你早点跟我说啊！啥都要让我担责任，我还会干吗？连个制度都没有，全是老板今天想这样，明天想那样，到最后把我当猴耍！

咱们看看，问题出在哪儿？对，制度，没制度，小经销商尤其缺乏制度，而管理互补型的能人，没有制度，人家就成了脱缰的野马，信马由缰了。

稍有管理经验的人都知道，什么时候立规矩最容易推行？就是在新员工入职的时候。员工入职的时候是处于弱势的，因为他是在求职；员工一旦入职，和咱们就成了均势，谁干掉谁，都有成本压力；而员工一旦决定辞职，咱们就变成弱势的一方了，社保、税务、工资，离职员工哪一方面弄一下，都够咱们喝一壶的。

经销商小的时候，要招能人，招互补型的人，其实最重要的就是建立制度。但是，很多经销商说："我能力不够，自己的事情还没整明白，哪里建得了什么制度?”我的建议是可以试着用下面这一招：有言在先。

什么叫有言在先?

就是在招聘的时候，双方都看对眼了以后，真要谈入职、谈合作的时候，这时，就要打起十二万分小心了。一般找能人入职，待遇都会较好，这也是招聘对象最关心的问题。好待遇就对应着好的工作回报，这时也是咱们可以提要求的最佳时机。

这个要求怎么提呢?

有两种方法：

一种是我们自己提，我希望你达到什么目标。

操作要点一：三个月试用期，在这三个月结束后的某个时间点，希望能人给我们提供一个什么样的结果。要记住，这个结果能量化的一定要量化，不能量化的一定要有文字结果。

操作要点二：所有工作，什么时间可以检核，什么时间确定最后结果，最后都要用文字记录下来，双方签字确认。有人问，这上面要不要写达不到要求，怎样惩罚？我的建议是可以不写。为什么？因为要求的工作时间、工作事项、工作结果都已经列明，达不到要求，应聘人员自己也知道怎么回事儿，后期再谈，咱们肯定占主动。提前把奖惩写在上面，一是多此一举，二是显得咱们在给人家挖坑。基本的奖优罚劣制度，每个店都有，奖惩条例最好是对所有员工的要求，并不是仅仅针对应聘者。如果达不到，应聘者也没有理由不接受对应处罚。

操作要点三：对能人型应聘者，一定要在确认面谈书中写清楚类似的工作面谈，每过一段时间（比如三个月）进行一次，这就是为后期管理预埋口子，既保证工作的阶段性目标，也能根据应聘者的实际能力进行阶段性的辅导。

有人说，我不善于做绩效面谈，也不会给别人安排工作，尤其是互补型的工作，我本来就不熟悉，更不好安排工作。怎么办？

这就用我说的第二种方法：让应聘者自己说。比如谈完待遇后，让应聘者自己表达，在多长的时间内，完成什么具体工作，达到什么结果。咱们自己评判能不能接受，能接受，白纸黑字写下来，不能接受，哪些地方需要调整，直至调整到双方都能接受。

当然，操作要点也遵循我上面提到的第一种方法。

企业有了一定规模，在当地也有了一定的名气后，要找个有能力的人并不难。这个时候，更多的是经销商在选择应聘者。企业越大，犯错的成本越高。相对来说，经销商组织越大，越需要价值观接近的人相互协作，因为价值观差异引起的内耗比市场拓展不力更危险。

什么样的人才是价值观接近的人呢？怎么判断？

有很多人听过这样的段子：企业为了选人，故意在进门的地方把笤帚放倒，谁进来把笤帚扶正，谁就是能主动承担责任的人，谁就将被录取。我觉得这样的段子大家当心灵鸡汤听听也就算了，真把它喝下去，还是有点油腻的。

那什么叫价值观接近的人？首先在外形上相似。咱们注意观察一下，美的集团，一个具有十几万人的组织，招聘的应届毕业生，尤其是通过层层选拔，培养出来的中高层，无论是在思维模式上还是外形穿着上都多多少少和一个人比较相似。谁啊？对！就是何享健这么多年千挑万选出来的接班人方洪波，有兴趣的人大家可以去验证一下。这还真是一个神奇的现象啊！

所以，大型的经销商招人，其实只有一个诀窍：那就是“第一眼喜欢”。

当人事部门该过的流程过完后，自己只需要找时间和这个被招聘人员简单地聊一下，只要自己直觉上不讨厌这个人，基本上问题就不大。

## 二、招穷人，招为生活所迫的人，招没有太多选择的人，这个招聘方向对不对

现在经销商招人有一个观点：要招穷人，招为生活所迫的人，招没有太多选择的人。这样的人生活负担比较重，会努力工作。

我觉得说穷人一定勤快，富人一定没有责任心，这是在贴标签，这种做法很有可能把经销商引到死胡同。

2016 年，我给一家化工企业培训。课间，一位姓蔡的内蒙古自治区经销商过来和我闲聊，聊到了他招人的一次经历。

内蒙古自治区地广人稀，要找个手脚麻利的人确实比较困难。有一年，他在人才市场招人，碰到个自称是山东烟台过来的年轻人。说是刚刚结婚不久，妻子红杏出墙，自己被女方骗光财产，净身出户，父母又相继患病离开了人世。此时的他，对生活已是了无希望，只想找个陌生的地方，一切重新开始。他大专毕业，有一定的计算机功底，自己对薪资没有具体要求，只希望能踏踏实实工作，上有片瓦遮雨，下有立锥之地。

蔡总一听，这个人不错，一无所有，还身有所长。当下让他试了试电脑操作，非常熟练。要求不多，干活还挺好，人才难得啊！并且自己还主动提了对社保没有要求，这可解决了蔡总的大问题。两人一拍即合，小伙子当天去公司上班了。

小伙子做事挺勤快，干活也麻利。很快，半年过去了，感觉小伙子做事也越来越上手，蔡总也想拓展外省市场，感觉这个小伙子聪明活络，就想派他过去。但对这个安排，小伙子左推右挡，就是不愿去。提高待遇，没用；买车买房，没用。这一来二去就引起了蔡总的怀疑。

果不其然，某天上午，小伙子不辞而别，连工资都没有结算。同寝

室的其他员工晚上在收拾房间时，竟然发现自己的现金和银行卡也随同这个小伙子的消失一并不翼而飞，马上报案，发现小伙子留下的身份证复印件是假的，再一查，此人竟然是山西某地2009年的一起绑架敲诈案的同谋，目前正处于网上通缉之中。而蔡总因为没有遵照正常的用人手续，客观上隐匿了通缉犯，也受到了相应的处罚。

一个人贫穷或富有、有选择或者没选择，不应是勤劳或懒惰的标签。用这样的标签去招人，还不如选择性格外向、愿意表达和表现的人。

## 三、招聘这个岗位，还有哪些附加值功能

招人，除了招聘员工，其实还有很多附加价值。现在很多经销商学到了一些基本招数，比如通过挖竞争对手墙脚，顺道了解竞争对手的内部信息，学习竞争对手的管理模式等。其实，在招聘上，还有一项重要的组织功能，就是打击竞争对手。

我给大家介绍一个公司HR的挖角案例，看看HR是如何通过挖角打击竞争对手的。

A公司和B公司，属于同一行业，而且两家公司在行业里面属于领头的两家企业。A公司通过业务模式创新，在产品的售卖功能上添加了照明设计服务的板块，大大提高了产品的附加值，直接威胁到B公司的业务领域。

B公司反击的第一步，就是对A公司照明设计师这个职位进行重点挖角。这还不是一个简单高薪挖人的策略，因为挖动一家成熟公司的成熟人员是需要更高薪水和职位的。如果把A公司的每个设计人员都挖过来，这不太现实，即使只挖主要人员，薪水翻一番都不一定玩得转，

后续的成本还未计算在内。

怎么办？B公司就玩了一个阴招。什么叫阴招？我即使招不到你的人，我也要把你队伍的人心搞散。于是在人才市场公然宣扬，只要是A公司的在职设计师，只要是愿意到B公司来，薪水翻三倍，行政职级升两级，其他条件单独谈。这个风一吹，A公司的设计师就坐不住了，就连刚入职的小设计师都开始和领导谈条件。一时间，A公司人心浮动。

最后，虽然设计领头人员留了下来，但是不少中基层设计师转投B公司，只是不少设计师在B公司入职不久又黯然离职了。

经此一役，重要岗位人员的大量流失导致A公司经过两年时间才缓过劲来。

## 第二节　人员培养的社会化和小组织模式

某个自媒体大号上曾刊发一篇《我们公司从来不招应届毕业生》的文章，主旨内容是应该将教育、培养应届毕业生的成本“聪明地”转嫁给其他公司，而不是由自己来承担。结果，一个十多万人的大号，被很多网友在留言区不断吐槽。

很显然，这种用人但不培养人的价值观，并不容于这个社会大多数人的观念。对于小公司尤其是经销商这种小型组织，如何才能在培养人的成本和使用人的效率之间获得平衡，既不至于总是在无偿给社会培养新人，高额的试错成本把自己给拖死，又不至于总捡现成的，疲于解决没有忠诚度的员工。

一般来说，公司越大越喜欢招应届毕业生，因为大公司有一套成熟的企业文化和培养机制。应届毕业生如一张白纸，比较容易被第一份工作的文化感染。这是美的、格力、海尔一类大公司长期大量招聘应届毕业生的根本原因。

但是对于经销商这种小型组织来说，大量招聘应届毕业生是不现实的，用大量时间来培养新手更不现实。能不能有一些短平快的方法，既能加速人员的成长，又能减少人员的流失？

经销商的组织架构相对简单，营销系统的人员，招聘的种类，也可以简单地分为两大类：一类是基层员工，面对一线，有直接的销售产出要求；一类是中高层的销售管理人员，衔接老板和一线员工。

从走访的大量经销商培养新人的实践方法中，我们看到了经销商创造了很多接地气的土办法，来完善自己的培训体系。对于基层或者是中高层两类不同的对象，培养的方法侧重点也有不同，经销商朋友可以试一试。

1. 针对基层

在基层，有个方法现在大家都在用，就是师傅带徒弟，老员工带新员工，手把手地教。这种方法好不好？其实效果也是因人而异。老员工负责点，效果好一点；新员工上心点，效果好一点。

这种靠天吃饭的活儿，就不是建立制度要解决问题的初衷。那怎么才能让这种方式大概率地变得有效果起来呢？

我将基层销售人员的技能分为三类：产品知识、销售技巧、基本素质。这三类中，基本素质先天因素会多一些，销售技巧不是一两天可以解决的问题，而产品知识相对来说是可以速成的。当然，产品知识又分为两类，即竞品知识和本品知识。

**竞品知识：**关于竞争对手的产品知识，如何让新员工快速掌握？

有的经销商利用上游企业编写的竞品资料开展培训，上面讲的人总感觉不透彻，下面听的人似乎也不明白，一副和谐的“以其昏昏，使人昭昭”的厂商关系；有的经销商则自己编资料，老板亲自拿着竞争对手的产品仔细比较。以己之长，比人之短，员工现场听得热血沸腾，这么好的产品，卖不动简直天理不容。但一下市场，面对现实的竞争环境，直接被竞争对手打蒙，“原来……原来……原来老板说的都是骗人的！”

越俎代庖式的竞品讲解，能够隔山打牛的是极少数高手，隔靴搔痒才是这类培训的常态。

2018 年年初，我陪客户刘总一同走访经销商。云南是新开发的市场，客户也合作不久。拜访云南某商贸公司的潘总时，正巧赶上周日。而这一天，他正好约谈了一位应聘操盘我的客户品牌的销售主管，便邀请我们一起参与面试。

被面试的小伙子，过去是做照相器材销售的，没有太多的电教行业经验，对产品和行业自然也不熟悉。一上午谈下来，总体感觉这个小伙子思路、谈吐各方面条件都还不错，唯一让刘总纠结的是，行业和产品知识基本为零，操盘云南这么大的市场，会不会风险太大？招还是不招，刘总一直很犹豫。

这时候，经销商潘总的一句话打破了僵局：“产品和行业不熟，没事！我给你一个月的时间。这一个月，你以消费者的身份，去把昆明市所有竞争品牌的门店跑一遍，去听一听竞争对手是怎么介绍他们产品的。优点有哪些，缺点有哪些，产品规格有哪些，竞争对手有哪些，行业有多大……多问、多听、多记。到了月底，你给我一份调查报告。通过了，就算你的行业知识过关了；没通过，我就再给你一个月。当然，这两个月我都会给你算标准工资，能不能真正挑得起这个大梁，还得看你自己！”

中国经销商的智慧真是无穷的，让竞争对手去培训自己的新人，这也算是经销商的一大发明。

**本品知识：**虽然我下面要介绍的方法主要是针对本品的产品知识速成，但是可以推导到另外两种技能的培养中，只不过考核的节点可以适当延长。

四川攀枝花某商贸公司的经销商听了我给销售人员讲的培训课程后，回去将辅导的“十六字诀”创造性地改造成了“四天速成法”，我发现效果挺好，可以给大家介绍一下：

所谓“四天速成法”，其实就是将我们销售辅导过程中的四大步骤“我说你听、我做你看、你说我听、你做我看”，分割成可以考核的四天内容。

第一天：老员工说，新员工听。不懂的可以问，不清楚的可以拿笔记。新人上岗以后，第一天只听老员工介绍产品，背产品已经罗列好的 20 个卖点。第一天没有考核，但第三天就会让你重演，不记不背，第三天肯定过不了关。

第二天：老员工做，新员工看。老员工根据第一天背的 20 个卖点，结合产品，现场给新员工演示头一天介绍的 20 个产品体验的动作，新员工可以要求每一个动作在当天重复演示，直至记住为止。

第三天：新员工说，老员工听。从第三天开始，就是新员工开始表演的环节了。第一天老员工介绍的内容，要求新员工将 20 个产品卖点一字不落地背下来，背不出来，不许下班。

第四天：新员工做，老员工看。老员工作为考官，严格要求新员工按照 20 个产品体验动作一个不落地展现出来，动作不对，调整到正确为止。这个过程，老板也会随机参加，检验结果。

这四天的内容，作为新员工入职的第一关考核。新员工用不用心、能力强不强，老员工尽不尽力、负不负责，在这里都会有一个大致的反映。

2. 针对中高层

师傅带徒弟的方法，对于中高层人员显然是不太合适的。中高层人员入职后，最容易出现什么问题？下属员工有抵触情绪，融入现有队伍比较难。为什么？中高层职位，一个萝卜一个坑，突然有人空降进来，这是不是断了某些人的仕途。

所以，对于中高层干部，经销商组织如果没有很好地融入机制，极有可能出现两种情况：一种是被咱们身边的某些亲信排挤，众口铄金，三人成虎，到最后这个中高层人员成为公司的摆设，有令不行；另一种是新入职的中高层干部抱着反正是打一份工的心态，你好、我好、大家好，团队从一团和气变成一团死气，老板招聘中高层人员的初衷再次流产。

那么中高层干部入职的培养阶段，究竟应该怎么用，才能既实现保护新干部，又让好同志茁壮成长的目的呢？

山东的一家商贸公司2017年通过猎头公司招聘到一位具有管理学博士学位的副总，准备做老板副手培养。

这位副总年龄不到四十岁，工作时间不长，但人很聪明。工作时间不长，容易犯什么毛病？对，做事容易犯理想主义。人很聪明，就容易怎样？容易耍小聪明，投机取巧。经销商是个爱才之人，也是一个知人善任之人。这位博士入职后，经销商安排他的第一份工作，各位猜得到是什么吗？

负责全公司所有票据的收发工作！

记住！是收发，不是审核。也就是所有的票据，都由这位副总传递记录。上至老板的固定资产购买批示，下至仓库保管员的加班餐费报销，这位副总都要按时记录，及时传送，送漏了、记错了，都得罚他。

经销商这一招妙在哪儿？至少一石三鸟。

票据报销，基本会涉及公司的各个部门绝大部分人。副总负责票据收发，就能接触到各个层面的各色人等，了解组织架构。

票据报销，公司早有报销流程、报销标准，这不涉及工作决策和弹性，该报就报，不该报，有公司条例在那儿顶着。这种惯例性的衔接工作，不涉及工作冲突，不面临决策利益，这种人畜无害的流程性岗位，是新员工融入的极佳切入点。

当然，票据账目的往来，其实也是一家公司营业基本面的呈现窗口。这位副总只要用心，可以很快从票据上了解这家公司的运营状况，为后期工作做好铺垫。

所以，对于中高层干部入职给予一段时间事务性的、例行性的工作进行磨炼，其实是帮助新人快速融入企业的良好途径。当然，基层员工能不能用这个方法？我觉得也能用，比如让新员工帮大家中午订餐，晚上下班负责提醒大家断电、断水，提供员工回家路段的交通信息等。当然，这些工作挺磨人的，心态不好的人不一定熬得过去！

## 第三节　用制度来管人，“坏人”也能变好人

其实，用人的过程就是一个奖优罚劣、激浊扬清的过程。奖罚的依据在于标准，而标准来源于目的。

公司奖惩制度的建立，基本的逻辑依据，应该是以目的为中心，建立工作标准，建立奖罚制度，即目的——标准——奖罚。而不是简单的

以销售目标建立奖罚制度，即目的——奖罚，因为这样的话，奖惩的标准很容易变成老板的一时兴起。对于个体意识越来越强的90后，甚至00后，最后只能导致管理结果的“心不服、口不服、墙不扶”。

对于中小型经销商组织，要建立一个逻辑严密、组织庞大的考核体系，尤其是人事制度不太完善的时候，可能面临很多现实困难。比如招不到专业的HR人才，奖罚的标准不清晰，太较真反而容易伤了感情，小型组织的职位晋升，都是一眼看到头。

对于经销商组织，任何管理制度，简单、高效、实用才是硬道理。花架子太多，反而容易把自己绕晕。

## 一、“四件事工程”

那怎样快速建立一个以目标为中心的考核体系呢？我教大家一个简易方法，叫“四件事工程”，可以用来梳理自己的奖惩体系。

我们一般将销售人员的收入分为底薪、提成、奖金、扣罚等有形收入，职位晋升和各类精神嘉奖等无形收入两大类。将这两大类指标，分为四个板块：底薪、奖金+提成、扣罚、晋升+嘉奖，每个板块对应一件事。这四件事就是：必须干的事、可以量化的事、禁止干的事、希望多承担的事。

具体怎么用呢？必须干的事，对应的是底薪。咱们发给销售人员底薪，就是让他们干这件事的，他不干，咱们就不会发底薪给他。这些事情可能包括达成销售目标、定期进行老客户回访、开展推广宣传活动、协助每月库存盘点、遵守公司制度、完成老板交代的临时性工作等。

可以量化的事，对应的奖金+提成这一块。这一块的指标，全是在“必须干的事”的指标里，找出其中可以量化的部分，比如销售目标可以量化，定期回访老客户可以规定3个月1次电话回访，开展推广宣传活动可以规定时间节点。这类指标，干了就是干了，没干就是没干，可以用清晰的数字量化出来。对于遵守公司制度、完成老板交代的临时性工作这些无法量化的指标，就不能放到这里面。

第三件事是禁止干的事，对应的是扣罚。员工只要干了这方面的事，必须惩罚他们。比如虚报假账、偷拿和截留公司物品、倒卖公司信息等，这些事情是公司的红线，员工是绝对不能碰的。

希望多承担的事，对应的就是晋升和嘉奖。这类的事情，千万不要和“必须干的事”混淆在一起。怎么分辨呢？必须干的事是咱给底薪的依据；希望多承担的事是咱们给员工更多机会的标准。换一句话说，就是员工没干“希望多承担的事”，咱底薪还是愿意发给他的，只是在未来提拔人、重用人上，咱不会更多考虑他。这类事情包括给新员工培训、收集市场信息提交活动方案等。

“四件事工程”的具体梳理（如表4-1所示），大家可以参考一下。

**表4-1 四件事工程**

| 必须干的事 | 可以量化的事 | 禁止干的事 | 希望多承担的事 |
|---|---|---|---|
| 底薪 | 奖金+提成 | 扣罚 | 晋升+嘉奖 |
| 1. ……<br>2. …… | 1. ……<br>2. …… | 1. ……<br>2. …… | 1. ……<br>2. …… |

## 二、抽查工作

一般来说，营业额低于1000万元的经销商配备一个文职助理是一件奢侈的事情。怎么让这个不产粮的文职助理产生效益，这是让很多经销商头疼的事情。

其实，销售人员目标界定以后，定期或者不定期的抽查都是必要的。不定期的抽查可以由老板来做，定期的抽查不建议老板亲自来做，因为员工的被监视感太强，这个时候，文职助理就可以发挥作用了。

天津地区的罗总是多家油漆品牌的代理商，刚上门店系统的时候，为了鼓励员工加班，他特意设立一个最晚开单奖。也就是七个门店，在营业时间内，当月最晚成交的订单开单人员可以有一个单独奖励。

因为建材类产品的销售有个特点，越是临近关门还在逛店的顾客，越有可能是今天就要成交的顾客。而员工因为临近下班，很容易懈怠和偷懒，希望尽快结束一天的工作。这个奖项的设立，就是要解决这个矛盾。

管理员工最麻烦的是什么？就是上有政策，下有对策。这个条例一出，造假的人就跳出来了。有员工拿了订单以后，白天不录入，就等着下班的时候录入，结果一个奖励条例变成了“造假大赛”，反而降低了工作效率。

罗总特意开了门店会议，并在会议上强调了后期对造假核查和处罚的力度。要求所有订单必须第一时间录入系统，订单内容包含了用户的联系方式和购买时间。因为接待原因无法录入的，可以用手机拍下原始单据，第一时间发给文职助理。罗总为此事特意招了个助理，文职助理只要在系统里看到订单或者接到微信，就会第一时间和顾客确认购买数量、购买时间、购买金额和安排售后人员。对于没有按时提交订单的，发现一次取消当月参选资格，发现两次，取消当月奖金。

要求是要求，执行是执行。其实当时招的这个文职助理也是个新手，做事丢三落四，有不少核对工作压根没有做，而是一笔糊涂账。但是罗总发现，自从设置了文职助理这个岗位，门店及时录单率达到了

92%，自己走门店不定期抽查漏单和核对消费者信息情况也有了明显改善。

有意思吧？其实，只要一个“稻草人”一样的抽查助理，就解决了系统推进和门店造假的问题。员工不是需要人管理，而是要知道有人在管理。

## 三、家访制度

对于以本地化人员招聘为主的经销商组织，建立家访制度是一个有效的管理手段。为什么这样说呢？我们想一想，早年的企业，无论是国有还是集体，为什么人员的流动性很少？这其中当然有制度的原因，但是，不可否认，熟人社会建立起的这种互相监督，也是让人们不敢轻易犯规的重要原因。

什么叫熟人社会？就是你砸了我家玻璃，我立马就能上你家，让你妈三娘教子！你欺负了谁家小子，我晚上就告诉你爸，打得你鬼哭狼嚎。我们在员工的使用上，其实也要遵循这个原理。什么样的员工稳定性最差？就是不知根、不知底，没有牵挂、没有羁绊的员工，稍有挫折和不顺撂挑子走人的这种人。在我们今天这样一个流动性极大的社会里面建立熟人机制，是我们经销商要思考的重要命题。

员工家访制度，我觉得是一个好制度。在实际走访中，我发现有一些经销商也在使用。但是要让这种制度发挥最大作用，有两个原则要坚持：

（1）三次原则。一个正常入职的员工，从入职到离职，老板对这个员工的家访至少要有三次。什么意思呢？

第一次是在新员工刚入职的时候，这是了解员工基本情况的最佳时机，也是用来给员工打“定心剂”的。做完这次家访，员工的离职概率会大幅降低，而且员工的背景资料可以摸得差不多。

还有一次是员工离职的时候，这一次，既可以作为挽留员工的手段，也可以是减少员工怨气的渠道，也是给员工的家里人一个清楚的交代。

第三次，就是在入职和离职之间必须要有一次。为什么？你如果只是在入职或者离职的时候去员工家里家访，员工会怎么想？老板是功利主义者，无事不登三宝殿，有事才会想起来家访。所以，中间这一次会决定最后一次家访的效果。

（2）长辈工资原则。什么叫长辈工资原则？就是咱付给员工工资的部分，有十分之一应该要付给员工的长辈。这长辈，要么是父母，要么是爷爷、奶奶、姥姥、姥爷，或者是其他至亲。这部分钱虽然少，但效果大。

常德神农氏蜂业的总代理黄姐，她的员工都是五年以上的老员工。虽然员工的整体工资并不是行业最高的，但是员工的稳定性却是最好的。究其原因，黄姐的经验是：每次她和员工谈完工资后，总是会主动上涨10%，并告诉员工，上涨的10%将作为“长辈工资”，每个月单独发到员工至亲的银行卡上。

除非员工的父母、爷爷、奶奶、姥姥、姥爷都过世了，否则这笔钱永远不停发，包括员工涨工资，“长辈工资”也会按比例上涨。

## 第四节　转变观念，应对人才流失

因为要给某品牌厂家的TOP100经销商做一场培训，企业为了让培训更有针对性，特意组织了一次培训前的调查，了解经销商目前的主要问题。

在反馈回来的信息里，“员工管理难”不出意料地成了困扰经销商的头号难题。培养员工难，培养好员工更难，培养了好员工能够用得长久，更是难上加难。

这个问题，我想应该是大部分经销商的共性问题，甚至包括某些品牌厂家。花了大量时间培养的优秀员工，如何尽可能地为我所用？即使最后缘分已尽，还能不能有其他方式再续前缘？对于家居建材这类耐消品，由于产品本身的技术参数和认知门槛，销售人员的专业程度会极大程度地影响消费者的体验结果。而消费者的产品知识和评判标准也或多或少来自于门店销售人员。

所以，有时候门店的生与死，基本上就是一人定生死。

既然优秀的人如此重要，当然就要想办法留住。但是，人是有欲望的，人也是成长的。一个特别优秀的人，很难长时间寄人篱下，即使这个寄人篱下是所谓的“一人之下，万人之上”“大小也是个老板”的念头一旦在销售人员的脑子里扎根，如何平衡销售人员的创业需求与经销商自身的用人需求就显得迫切重要了。

现在也有不少的书教大家如何留人。比如情感留人、财富留人、发展留人，这么说、这么做，对不对？当然对啦，这些方法，咱们经销商也在用，效果好不好呢？客气一点说，可能是因人而异。并且这种做法的副作用非常大，为什么？因为这种做法是以留人为结果导向的，一旦咱们经销商没有选择，只能把人留下来，而又很难承受人员流失的结果的话，经销商在谈判开局上首先输了一筹。

还是那句话，人是有欲望的，也是成长的。当员工发现老板把他们留下来是唯一选择的时候，员工会怎么想？他是不是感觉老板离不开他，少不了他，对不对？咱们情感留人、财富留人、发展留人，往后走，结果会发现这个员工的胃口令越来越大。

2017 年刚过完年，陕西西安的经销商卢总跑到人才市场招聘了四名即将毕业的西安高校的应届毕业生加入到他们公司。这四个人当中，有个外地的小姑娘，人很机灵，做事挺勤快，处理事情也挺有想法，人才难得，卢总就有了要好好培养的意思。这些孩子还没有毕业，刚开始只是周六、周日来到店里参加大中型活动。因为有时候活动搞得挺晚，而这个女孩子的学校和卢总的家又正好顺路，出于安全和便捷的考虑，前一段时间，卢总就坚持周六、周日自己开车，接送这个孩子往返公司。

后来，女孩毕业后，正式加入公司。她在学校附近租的房子因为还没有到期，也就没有退掉。正式上班后的一天，也卢总一大早有个重要客户需要接机，就没有去接这个孩子。结果车刚刚开到半路，卢总接到这个女孩的电话，劈头盖脸就是一句："你的车怎么还没有到呢?"

听到这句话，卢总顿时就意识到自己做错了什么。

原来情感留人，只要把员工感动得哭了就行；现在发现，员工没哭，倒把自己感动得一把鼻涕一把泪。

原来财富留人，只要给个仨瓜俩枣，员工就能被安抚了；现在就是给他金山银山，他也不见得为其所动。

原来发展留人，给个店长、总助的名头，已经是欢天喜地了；现在有些员工居然连老板娘这个位置都惦记上了。

简单的情感留人、财富留人、发展留人，最后变成了裹挟经销商人力、物力、财力、精力的黑洞，经销商有多少资源，就吞噬多少资源，在人员管理上面，还显得越来越被动。

还是那句话，经销商要留人，如果最终让员工看清楚，老板的目的是要落在一个“留”字上面，反而留不住。这就像赌博，输不起的人肯定就赢不了。相反，设计出一套制度，能够让经销商在员工的去留问题上进退有度，左右有局。进，能够合作共赢，退，也不伤筋动骨。去与留，选择权似乎在员工，但利与弊这个筹码却在经销商的手上。

2017 年，我在两家公司的经销商体系里，以核心导购人员为对象，推行“老板娘计划”。基本内容就是对于有创业需求的核心员工，与其让他们在经销商这里一拍两散，不如公司投入资源，帮助这样的员工成为经销商的下辖网点，或者是经销商新店的合伙股东。这个机制的推出，就是要解决核心员工的创业去留问题。

而且这个机制，即使去掉企业的资源投入，经销商也是可以自行推动的。

但是这个方案推出前期，却遭到了经销商的一致抵制。销售人员反馈回来的信息是：经销商认为企业推出“老板娘计划”，其实是在挖经销商的墙脚。因为经销商认为，这些核心员工现在本来就人心不稳，一旦公布了品牌企业对有创业需求的核心员工提供创业支持，并把这些名单统计出来，只会加速核心员工的流失。因为这个原因，经销商压根儿不会对核心员工宣布“老板娘计划”，“老板娘计划”也就变成一个有名无实的计划。

听了销售人员的汇报，我的最大感慨是，同样一项规定，不会“阅读”的人可以把市场弄得鸡飞狗跳；而读懂规定的人，才会借用别人的资源将价值最大化。

其实“老板娘计划”的核心，是一张导购评级表（如表 4－2 所示）。所有一线的门店销售人员的评级，包括新老员工，都要套用这张表。

**表 4-2　导购评级表**

| 岗位 | 职级 | 工资浮动 | 电话补贴 | 其他待遇 |
|---|---|---|---|---|
| 初级导购 | P1 | +100 元 | / | / |
| | P2 | +100 元 | / | / |
| | P3 | +100 元 | / | / |
| | P4 | +100 元 | / | / |
| | P5 | +100 元 | / | / |
| 中级导购 | I1 | +100 元 | / | / |
| | I2 | +100 元 | / | / |
| | I3 | +100 元 | / | / |
| | I4 | +100 元 | / | / |
| | I5 | +100 元 | / | / |
| 高级导购 | S1 | / | +20 元 | / |
| | S2 | / | +20 元 | / |
| | S3 | / | +20 元 | / |
| | S4 | / | +20 元 | / |
| | S5 | / | +20 元 | 创业孵化基金 |

（1）新员工入职，评级最高不得超过 P5，老员工套标准，评级最高不得超过 I3。评级权限由经销商自己掌握。

（2）经销商每次对导购人员升级评比时间间隔不得少于 3 个月，每升一级，工资可上浮 100 元，这部分费用由经销商支付。

（3）升入高级导购后，每升一级，上游公司单独付给导购人员 20 元话费，达到高级导购 S5 级后，员工只要想离职创业，成为公司的经销商，公司将为导购人员提供一笔可观的创业孵化基金。

就是这样一个制度，经销商究竟应该怎么来“阅读”，才能在留人、用人上达到为我所用的目的？

我们来解析一下这个制度是如何平衡员工个人的成长需求和经销商的用人需求，最后实现双赢的。

## 一、满足发财的愿望

我们得承认，不是所有的员工不好好干活，都是因为想去创业。从打份工上升为人生理想至少分为三个阶段：升官、发财，最后才是创业。“老板娘计划”不是要让所有人都去当老板，而是要让员工在升官、发财、创业之间找到平衡点。对于只想打份工、多赚点钱的核心员工，评级的时间间隔可以拉长，每升一级上涨的工资则应该多给一点。评级时间间隔和工资上涨幅度的权限都掌握在老板手上。如果升到顶点了，核心员工不愿意创业，他还要“赖”在你这个平台上面，老板管理这样的员工的难度是不是无形之中降低了？

## 二、满足创业的愿望

对于真是一门心思奔着创业去的核心员工，评级时间间隔和工资上涨幅度可以严格参照最严标准执行，经销商依然有很大的操作空间。我们的导购评级总共有 15 级，每升一级至少要 3 个月，从 P1 升到 S5，至少需要 42 个月。也就是说，员工即使一点错误也不犯，一路顺风顺水做到 S5，至少要为经销商服务 3 年半的时间，而这个时间段，是核心员工充分为经销商提供价值的时间，有目标、有考核、有检查。即使有老员工从 I3 算起，也至少还要再扎扎实实地服务 21 个月，才能达到 S5。不是我不让你创业，也不是我不支持你创业，目标在那儿，得靠真本事来拿。

## 三、满足升官的愿望

对于那些更看重平台大小的核心人员，品牌企业对达到 S 级的导购直接发放电话费的方式，其实是在某种程度上解决人员归属问题。虽然每一级只有20元钱，但这个钱不是经销商发给他的工资、奖金或者福利，而是生产厂家发给他的钱，钱虽然少，但意义不同。这就相当于计划经济时期，拿着国家工资的体制内的人比倒买倒卖的没有体制归属的个体户在社会地位上就是有莫名其妙的优越感，虽然体制内的人的工资可能还不及个体户收入的十分之一。如果没有企业配合，经销商自己其实也可以设立这种“类别收入”，比如达到S级的导购，可以享受总监级别的报销标准。

## 四、可以多一个分销网点或者是合伙的分店

员工出去创业，对于经销商来说不一定是坏事。即使是坏事，我们也要有把坏事变成好事的能力。与其看着一个优秀员工投奔到竞争对手的门下，不如成为自己经营品牌的下辖经销商。这些核心员工对产品熟悉、对公司熟悉、对经销商也熟悉，做生不如做熟，让离职的优秀员工成为我们生意的触角，我们何不成人之美！

插一句题外话，这个方案经过后期的讲解和辅导落地，大大激发了经销商利用公司规定的意愿，当然，这也变相为公司掌握大量核心导购的基本资料提供了便利。

要知道，优秀导购才是第一生产力啊！

总结一下，经销商的组织架构设计中，要有不同的岗位和机会，去满足员工升官、发财、创业的阶段性需求。爬这些阶梯所需要的时间和付出，应该是一个弹性的范围，而且这个标准掌握在经销商手里。员工的收入一定要分块，每一块都有讲究，有些块金额很小，但是意义重大，比如“类别收入”，那是“阶层”的标志。让员工成为经销商，让员工成为下线，这是未来网点裂变的一个主要途径。

## 第五节　执行力，就是让老板说的话落地

执行力是个老话题，自从有两人以上的组织诞生，执行力的好坏就是热点话题。

执行力，不仅仅是经销商有困惑，很多生产企业也有同样的问题。在有些企业里，别看公司员工忙得不可开交，老板拖着全公司员工每天加班到凌晨1点，但是一到具体事情上要结果，还是没有一件事情能落实的。

一家企业执行力的好坏，不是取决于这家企业的老板在公司骂人有多凶，公司的罚款有多狠，员工加班有多晚，而是公司规划的每件事情是不是有人负责到底。再小点，就是老板说的每句话，有没有人负责落实到底。

我看到有些老板的痛苦之处，明明知道手底下的人“满嘴跑火车，飞机不落地”，但是又离不开他，无人可用，伸手去管，又无从下手。

提高执行力当然是一门系统工程，但是追本溯源，在销售型组织里面，想得明白，才说得清楚，说得清楚，才能干得漂亮，干得漂亮，才会有好的结果。把说的东西表达清楚，把要的信息提炼明白，是提高执行力的根本。

有些经销商常爱说的一句话是：我书读得不多，口才不行，但是我心里清楚。我们也知道，信息在传递过程中是不断衰减的，如果老板心里十分清楚，只能说得五分明白，团队人员也就干个三分成绩，拿一分的结果也很正常。最后只能总结成一句话：你以为你以为的就是你以为的？

要说明白，需要在组织中倡导“记叙文”文化。

什么是“记叙文”文化？大家都听过语文老师告诉我们写“记叙文”的技巧。什么技巧？就是要写一篇完整的记叙文，它包括六个要素：时间、地点、人物、起因、经过、结果。什么意思呢？就是要把一件事情说清楚，至少得包括这六个部分。

同样，在组织管理中，无论是我们发出信息也好，还是确认信息也好，只有把一件事情的这六个部分都确认完整了，才代表我们说的话说清楚了，想表达的意思表达明白了。

怎样训练出这种记叙文的意识呢？我建议大家可以把“六要素”的十二个字打印出来，贴在办公桌的案头，每次发出指令或者确认信息，都有意识地比对着这十二个字，看一看这六个要素，是不是每个都完整了。如果不完整，比对着要素进行补充，直至确认完整为止。

我们以发布指令和接收信息为例，剖析如何让老板说的话落地。

## 一、发布指令

### 1. 塑造身份背景

一个人能指挥得动另外一个人，是建立在双方的身份背景上的认同。给你吃、给你穿，决定你吃喝拉撒睡的人，你会听人家的；身居高位、手握重权，决定你升迁荣辱的人，你会听人家的；社会论资排辈、长幼有序，江湖前辈的辈分在那儿，你会有敬意和谦恭；社群里术业有专攻、水平有高下，真才实学的人，你会死心塌地地服他。越是精神层面的认同，越是个人特质方面的认同，被管理者的服从性会越好。

身份背景不仅决定了指挥权，还决定了“专业正确性”。2005 年以前的郭德纲与张文顺老先生搭档，一样是逗哏，一样是吐字清晰、节奏适中，一样是“三俗”与伦理哏不断，有些甚至是一样的包袱，台下观众的反应就是不如今天郭德纲和于谦搭档时现场效果热烈。为什么？

是今天的郭德纲已经不是你认识的那个郭德纲了吗？非也！而是今天的郭德纲是明星，是大腕，甚至可以说是开山立派的一代相声大师，他的光环和背景已经决定了他的“专业正确性”。郭德纲过去说的段子，拿到今天再说，观众会听得哈哈大笑；如果把今天说过的段子拿到过去再说，观众也极可能是一副冷漠相。

这里就涉及一个身份塑造的问题。除了天然的老板身份，怎样让员工对你的身份有更多的精神层面的认同呢？效仿圣贤是不可能了，成为行家里手还有可能。而且老板越懂行，底下的员工越不敢胡来。这就是员工常说的老板太厉害，日子不好过啊！

有两类特质的老板，员工是不太敢耍滑头的。一类是记数字特别厉害的老板，一类是和客户特别熟的老板。记数字厉害，不能浑水摸鱼；和客户特别熟，随时能一竿子插到底。要成为行家里手型的老板，可以向这两个方向努力。

2. 建立指令习惯

在日常信息沟通中，一旦沟通方式不对，经常会出现“空对空”的情况，也就是说了半天，啥也没整明白！等到最后要结果的时候，团队人员来一句“我还以为是……”。

要避免出现“我还以为是”的情况，最好的方式，是建立一以贯之的指令习惯。通过固定的指令习惯，建立团队人员的条件反射，将执行力文化印刻到潜意识里。

我有一套成熟的指令习惯，简单说，就是把任何事情都要落实到节点上面。我举一个例子，可以给各位借鉴和参考一下。

**事例：**

老板：把客户数据按昨天要求的表格整理完整。什么时间可以发给我？

员工：下周应该可以！

老板：是下周一还是下周六？这中间可差了五天！

员工：下周一！

老板：是下周一的零点，还是24点？这中间差了20多个小时！

员工：下周一中午12点前。

大家可以先试试看，用这样的方式和员工沟通，员工舒不舒服？刚开始肯定不舒服，但是绝大多数人很快发现是自己的问题。咱们只要坚持按照这种方式询问工作的时间进度。一般来说，机灵一点的销售人员下次给你报时间进度的时候就学会了直接汇报：下周一中午12点前交客户数据表格。

甚至你会发现，他下次教育自己下级的时候，也会有样学样地问下级："是下周一还是下周六？这中间可差了五天！"

当你听到这样的下属对话时，恭喜你，你煞费苦心坚持的这种指令习惯，已经成为执行力文化的星星之火，开始传导下去了。

3. 确认接收到信息

发出指令和接收指令是一个回路。说的目的是为了让对方听明白，越重要的事情越是如此。所以，我们在电视里看到反恐大队在布置完任务后，领队的指挥官会加上一句：把各自任务复述一遍。为什么？一是确认我有没有说错；二是确认你有没有听明白。

我们在给下级布置任务的时候，也需要注意这个问题。你会发现，很多员工在推脱责任的时候，常说的几句话就是：你没有说清楚；我没收到信息；我不知道，没人通知我。这说明了一个什么问题？

说了和收到是两回事情。

今天通信工具发达，在微信里面建立工作群，成为很多经销商管理团队的方法。有些经销商喜欢“微信治国”，很多工作事项在微信群里公布了事。稍有经验的经销商会在群里发完信息后加上一句“收到请回复”。要落实执行力，是不是做到这一步就够了？

面对面的布置工作，我们尚且还需要一句“听清楚没有，明不明白”作为信息确认。当在微信里布置工作的时候，你无法知道对方的状态，对方不回复，你就只能默认对方未收到信息。

所以，我还是有个观点，至少目前来看，电话是任何社交工具都替代不了的通信手段。沟通，就是出自我口，入得你耳，丁丁卯卯，一清二楚。微信群里的社交工具如果要作为工作道具，最多就是一个辅助工具，有着备忘录的作用，不要混淆了工作和社交的区别。

所以，确认信息，当面沟通时要注意加一句：听清楚没有？而如果是远距离沟通，电话沟通是第一选择，社交工具作为信息备忘录，进行辅助的文字记录。

4. 评估工作能力

要让执行力有结果，得让执行的人有能力干。

有些事情摆明了干不成，你还指示人家往南墙上撞，就显得有点不厚道。如果条件不成熟，销售人员清不清楚？当然清楚！即使你要强行上项目，销售人员的执行力可不可能强？

碰到条件不成熟还必须干的事情，怎么办？

第一，布置任何重要工作，记得要加上一句话：有没有什么问题？有问题，解决问题，需要资源，配备资源，我协助你干好这件事。我与你同在！

第二，如果是难度特别大的事情，成与不成也在两可之间，你还要让他去干，记得要再加上一句话：按我的要求，放手去干，干不好算我的！我给你撑腰！

所以，评估工作能力就是两句话，一句是有没有什么问题；一句是干不好算我的。

5. 明确后果

明确后果，其实有两种方式，一种是明确达成目标后的奖励，一种是完不成目标的惩罚。

对于责任内的任务安排，丑话说在前面比较合适。对于责任以外，甚至是探索性的任务安排，奖励性的刺激会更合适一些。

所有任务的布置模式应该是：

听清楚没有 + 干得好，升官发财 + 干不好，处罚

## 二、接收信息

要接收一条完整的信息，听和问是一个协调互动的过程。领导者不仅需要听，更需要有技巧地问。唯有老板不断地、有针对性地提问，才能让汇报者充分准备，打起十二分的精神，而不是简单地急着把事情说完。

要建立强执行力的团队作风，对接收到的信息进行提问，有三个技巧可以参照：追问确数、追问细节、追问结果。

**举例：** 有员工汇报，某县有个消费者用了我们经销的浴霸，结果洗澡的时候灯泡爆炸了，现在客户找我们索赔，老板，怎么办？

**追问确数：** 消费者购买的是一整套浴霸产品，还是只买了单个的灯泡？是一个人受伤，还是多个人受伤？具体的购买时间是什么时候？

**追问细节：** 有没有销售单据？破损的产品现在在哪里？当时是我们的售后人员安装的吗？

**追问结果：** 消费者伤情怎样，去医院了吗？索赔的要求是什么？现在接触的进度怎么样？

当员工来汇报事情的时候，三个追问一抛出去，估计过来汇报的员工没有做好调查，一问就被问傻了，相当于挨了一闷棍。

当然，如果坚持用这样的方式提出质询，三五个回合之后，员工在汇报工作前一定知道把准备工作做足，才能避免一问三不知。这个时候，执行力提升是水到渠成的事情。

## 第六节　经销商的“五个一”文化工程

在开始文化工程的建设之前，各位经销商请先思考一个问题：什么是文化？

经销商常年身处一线，接触的是门店，面对的是消费者，干的是卖货的活儿。各位，这是一个务实还是务虚的角色？都知道这是一个务实的角色，正因为我们长期处于务实的状态，经销商也习惯了抓实不抓虚，一切以卖货为中心，卖货才是硬道理。导致的结果是什么？经销商的企业文化建设长期落后，还不以为然。

谁能告诉我，“四项基本原则”是在哪次会议上提出来的？很多人以为是十一届三中全会。其实，这项整整影响了我们几代人的政策，是在1979年理论工作务虚会上提出来的。思想不统一，行为就不会统一，看似务虚，其实这种潜移默化的思想影响，才是真正决定一个组织兴衰的关键。

在正式讲解操作点之前，我们再进一步思考一个问题：经销商搞文化建设，到底是为了什么？每个人都有自己的答案，有人是为了让公司显得更有战斗力，有人是为了让公司显得更规范，有人是为了让公司更有归属感。

这些目的对不对？也对，也不对！文化建设的最重要层面，只是要解决成员“认同感”的问题，我们前面说到，阿里巴巴招聘会设立

“嗅味官”，其实也是要解决员工的文化认同问题，这也是所有文化建设的基础。

我提出来的“五个一”文化工程也是要重点解决组织成员“认同感”的问题。

## 一、一个艺名

在给销售人员讲解如何加深被服务对象对自己的印象时，我曾提出了“三个一”的标准，其中一个“一”就是为自己取个艺名。这个艺名可不是瞎起的，一定是一个能让客户快速记住的名字。我们身份证上的名字，由于我们大多数长辈在给自己的孩子起名字的时候，要么注重辈分，要么注重寓意，家里人是记住了，但是对于外人来说，要记住一个毫无规律和记忆点的名字是一件非常困难的事情。

那么，怎么解决这个问题呢？过去，在江湖上行走，是需要有名号的，这个名号就是江湖绰号。在古龙先生的《多情剑客无情剑》中，有一句非常经典的关于绰号的论述：一个人的名字可能会起错，但是他的绰号绝对不会错。咱们看看，在金庸先生刻画的无数江湖人物中，胡一刀胡斐的刀法、金毛狮王谢逊的外形、采花大盗田伯光的猥琐行径，一个外号，就精准刻画出了人物类型。

名字是用来让人记住的，而不是用来孤芳自赏的。像成龙、马云的英文名都叫“Jack”，为什么？他们两个人的英文水平肯定要比我们很多人强，要起一个不重名的英文名易如反掌。我估计在国外，名字叫“Jack”的人没有一个亿，也有几千万，这个名字最大的优点就是易记。当客户有需求的时候，是会去抓耳挠腮想那个名字当中还有一个生僻字的人，还是立马拍板，顺口就说出来：“就让那个叫‘黄晓明’的小伙子过来吧！”

艺名，不仅仅是增强客户的记忆点，其实也是企业文化的反映。崇尚江湖文化的阿里巴巴，每个人起的艺名是金庸、古龙小说里的人物；崇尚国外文化的合资企业，每个人都会给自己起个英文名。艺名的产生，有时候比硬生生地直呼其名更能缓和气氛，化解尴尬。

2017年年初，我去拜访一家电商企业，负责人在给我介绍团队成员时，分别指着每个人，略带神秘一个个介绍开来：这位是“凤九”，负责客户服务部。那位叫“素锦”，负责仓库订单。这位是“东华”，主要负责店内运营。那位叫“擎苍”，主要负责产品选型……我一看，都是《三生三世十里桃花》里面的人物，原来个个都是神仙。在这种戏剧化的介绍氛围中，大家都哈哈一笑，沟通的氛围也显得更为融洽。后来老板自己说，他个人是赵又廷的铁杆粉丝，所以他的花名叫夜华，老板娘的花名自然就是白浅了。

在一次培训破冰会上，经销商介绍他的团队成员时，销售人员的名字个个艳惊四座。姓康的叫康熙，姓张的叫张无忌，王姓的小伙子叫王有才，连姓包的一个胖乎乎的小姑娘都叫包不同……乍一看，还以为是开玩笑，这不是全明星阵容吗？结果，每个人拿出名片来，一看名片上印的姓名和介绍的一模一样。

这个团队的老板说：名字就是一个符号，现在互联网信息爆炸，让人记住一个新名词多难啊，成本多高啊！我们的业务人员，客户到店一次，就要想办法让人家记住一次，蹭名人的大IP，是最简单、高效的方式。

## 二、一首厂歌

很多经销商以自己五音不全为借口，不注重为自己的企业定一首厂歌，这就是典型的以个人喜好决定组织的氛围。我经常强调，一个人要走出舒适区，让自己主动改变，才有机会见识更大的世界，从五音不全到扯开嗓子唱，其实中间只缺少一个胆量。

当然，我也见过意识超前的经销商自己花钱找人，特意创作一首新歌来作为厂歌。谱曲、作词，再到后期的录音合成，花钱多少不说，关键是员工学起来也要时间。有的员工觉得不好学，不愿唱；也有的员工觉得不好听，不愿唱。员工来了又走，走了又来，铁打的营盘流水的兵，艺术这种见仁见智的东西，推广起来的成本是最大的。

2006年，欧普照明十周年的时候，经销商也想过要自己创作一首新歌作为厂歌，后来发现人力、物力、精力都不划算，就干脆选择了一首当时耳熟能详的《众人划桨开大船》作为临时的厂歌。在十周年庆典之前，每天中午就用这首歌曲召唤大家去吃饭，用这首歌告诉大家结束午休，这样的节奏持续了将近三个月，不停地播放《众人划桨开大船》。等到十周年庆典上，董事长上台振臂一呼，台下几千员工谁都能随声响应。加上这本身就是一首脍炙人口的流行歌曲，很多现场被邀请的经销商和供应商同样也能随时附和几句。一首可以让人产生共鸣的歌曲，瞬间就将整个十周年庆典氛围推向了高潮。

厂歌还有另一个功能，就是在特定情景下，歌曲里面有些歌词内容能够帮助经销商表达一些想说但是又不方便说的话。

广东深圳的宋总，生意从小到大，由弱到强，自己从村里带出来人跟在自己身边十多年，冲锋陷阵，任劳任怨，功不可没。由于关系亲近，在日常管理的方法上，宋总也就偏向于简单、粗暴，关系越亲近的人，他骂得越凶。

有一次，在一个新品牌网点拓展上，销售团队三个月时间居然毫无起色。用宋总的话说，估计自己当时也比较急，在电话里就直接把销售主管骂了个狗血淋头。谁知主管当时正开车跑市场，接到宋总电话，只好把车停在路边，让宋总整整训了一个小时。当时车上还有其他销售人员，这些员工吓得连大气都不敢喘。

估计这个主管当时也被训蒙了，脑子里想的事情一多，人就容易晕晕乎乎，开车上路没多久，竟然出了一场不小的车祸。车子给撞得安全气囊全部弹出，发动机的机架整体脱落。值得庆幸的是，虽然车子受损严重，但人只是受了点轻伤。

宋总听到主管出车祸的消息吓了一跳，当时就意识到自己犯了错。但是这个道歉的话不好说啊！工作不好应该批评，批评过了也要承担责任。

当晚，宋总特意给小伙子们办了场压惊宴。晚上去 KTV 唱歌，宋总特意点了首大家都会唱的任贤齐的《兄弟》，点名要和那位主管一起唱。在酒精的作用下，当第二遍唱到“有今生今生做兄弟，没来世，来世再想你”的时候，那个销售主管再也绷不住了，抱着宋总哇哇大哭，久久不能释怀……

第二天，一切雨过天晴，小伙子们照样龙精虎猛地去跑市场了！

## 三、一本好书

企业培训的目的是什么？一定是希望通过培训师的口，来传达他的意图。企业越大，越依赖通过这种形式，形成内部的共识。这也是越大的企业在培训上越关注的原因。

中小型组织要在某一时期贯彻某一思想、方法，依赖培训可能有些不现实。当老板发现问题，需要及时纠正，统一思想的时候，有没有成本更低，也同样有效的方法呢？

有，当然有，那就是组织成员，共同分享一本书的心得。

现在书籍这么多，每本书其实都有一个主旨思想。只要这个主旨思想符合咱们现阶段需要解决的问题，就可以成为分享的对象。比如曾经红极一时的《把信送给加西亚》《高效能人士的七个习惯》都是因为具有这样的特征，才会火遍大江南北。当然，这种文化分享也可以是某一篇具体的文章，比如早期任正非的《华为的冬天》，2017 年周掌柜的一篇《OPPO 和 vivo 的人民战争》，也都是非常有代表性的文章。

山西有一家给经销商做渠道代拓展业务的企业。在文化建设上，该企业就坚持用书本文化代替外聘培训的文化。

老板每个月都会选择一本当下最热门的书籍，推荐给主要的管理干部看。在规定的时间内，管理干部要把书看完，还要把心得写好。看书要考核，心得也要考核。每个月通过固定的例会，把分散在全国的分公司干部组织起来，用网络读书分享的形式将大家的思想统一起来。

每本书里的观点其实就是老板当下在思考的问题，管理干部们对这个问题进行再思考、再分享、再讨论，对老板本身的思考深度也有一定的促进作用。

## 四、一块 PK 墙

PK 墙这种文化不算一种创新。很多经销商也在把销售业绩上墙公示，激励销售员工赶超先进。但是经销商在使用 PK 墙文化的时候忽略了一个重要问题，就是 PK 文化的使用前提。

销售的 PK 文化，是不是一定有效？当然不是，PK 上墙这种文化，只有在团队销售呈现向上走势的时候，才有正向激励的作用。如果整个团队销售下行，PK 墙就变成了“比惨墙”，销售人员对坏的销售结果的免疫力就会像瘟疫一样在团队中散播开来。

上海一家专卖国外高端橱柜门店的老板给我诉苦，由于他代理的是高端橱柜，一套最便宜的就要二十多万元，不是别墅用户根本用不起。所以平均算下来，一个月能成交一套，就是非常优秀的销售人员。像他们这种“三年不开张，开张管三年”的产品，采用业绩上墙 PK 的方式往往适得其反。开月度总结会议的时候，老板在台上点评：这个月张三的销售零蛋，李四的销售零蛋，王五的销售零蛋……员工在台下听了，当作相声段子在听，习以为常。

这样的一排数据贴在墙上，基本上每个员工都没有什么触动。

对于这种“三年不开张，开张管三年”的行业，在文化墙的建设上可以转为过程指标的 PK。我在销售人员的网点拓展中曾经提到“重结果，轻过程；结果不好，一切推倒”的考核原则。所以，将销售人员的有效拜访次数、新品订单数量、新店开拓数量作为上墙指标，一样能够形成比拼文化。

## 五、一个历史符号

一个缺乏历史积淀的企业，总显得缺失了一些厚重感；一个文化不能传承的企业，文化建设就是在原地打转，做无用功。经销商的文化建设，不光要建，更重要的在于传，也就是传承。

很多经销商的文化建设为什么会显得一阵风，挥一挥衣袖，总是留不下一片云彩？关键就是对于文化的建设，很多经销商喜欢一时心血来潮，大干快干！文化形式的东西都搭建起来了，面上的东西都有了，文化就成了墙上的文字，也仅仅只是墙上的文字。

文化不能自动传播，文化也就无法传承，这是因为经销商在文化自动复制问题上还缺少一个传承机制。

什么是传承机制？比如说过去姓氏的沿袭，就是一个有效传承机制，咱们的第十八代子孙看到自己的姓氏，查查族谱就知道自己是哪条藤上的瓜了。大家可以看看德云社的辈分文化，郭德纲的徒弟都是按“云鹤九霄，龙腾四海”的辈分排，看给你赐的字，就知道你属于哪个辈分了。即使以后郭德纲过世了，相声圈子里只要说起“云鹤九霄，龙腾四海”，都知道你是谁的徒弟，你排在什么辈分。这八个字，就是德云社可以自动传承的历史符号。

不仅相声圈子，企业里面一样有传承符号。在华为、腾讯是工号文化，你看看工号的大小，就能大致知道这个人的职位和工龄。

在阿里巴巴就看花名，据说阿里巴巴员工的花名，基本是以两个字为主，三个字的基本都是领导，比如马云的风清扬，张勇的逍遥子，陆兆禧的铁木真。只要进入阿里巴巴的员工，都会按要求给自己起一个江湖花名。

当年创办黄埔军校的时候，黄埔学生的期数也是一个自动传承的符号。比如宋希濂就是黄埔一期学员，林彪是黄埔四期学员，在国共合作期间总共办了六期。而这六期为中国近现代培养了大量举足轻重的军事天才。

所以，经销商要想清楚，我们今天设立的文化制度中，有没有一个符号，是十年以后再用也不会过时的？它可以是有趣的工号、花名，也可以是某个英雄的名字，比如“黄继光英雄连”“董存瑞战斗英雄班”，这都是一个可以指引后来者继续前进的历史符号。

# 第五章

## 规模，从复制型经销商到复合型经销商

## 第一节　分店拓展，要建立门店的 IP 效应

单店做点，多店做面。从点到面不是简单的累加，而是要形成指数效应，从谋一域到谋全局。

孙子兵法有云："善战人之势，如转圆石于千仞之山者，势也。"经销商从谋篇到布局，在市场上以势夺人，是成本最低的做法。如果分店建设只有建店，没有布局分工，就只是在进行简单重复的机械性劳动，是重复建设的大量浪费。

全面发展不如一专多能。一方面，每个店平均使力，就容易让消费者失去对焦能力。另一方面，在今天如火如荼的品牌联盟活动中，经销商如果没有一个"高大上"的旗舰店、形象店，在和其他品类进行联合推广时，也很难形成平等对话的资格。大店建设，对消费者和经销商同样重要。

但是，建大店不是简单地贪大求全，而是要有意识地形成"1 + N"的伞状格局。"1"即中心店，中心店要高举高打，抢占市场制高点，甚至是行业的制高点；"N"即卫星店，卫星店要形成环绕拱卫之势，互为犄角、相互支撑，这是分店拓展的一个重要思想。

打造中心店，是谋势的重要一步，也是培养门店 IP 价值的重要环节。这个工作，前期看起来虽然耗时费力，但是对于带动品牌在市场的整体销售却是一件一劳永逸的事儿。

为什么这么说呢？我们可以思考一下，IP 是什么？IP 其实就是明星，就是易于记忆和传播的符号。比如在中国人姓氏里，“张杰”这个名字，普通得不能再普通，扔到人名堆里，咱们对着看一整天，也不会引起特别的注意。但是自从歌手张杰火了以后，即使是一个长相极其普通的人，自我介绍时补上一句：“我姓张，名杰，和湖南卫视《快乐大本营》主持人谢娜的老公张杰是同一个名字。”对方听了以后，肯定会哈哈一乐，记忆深刻。这就是 IP 的作用，一个大 IP，能够带火一批同名的普通人。

这个作用在分店建设上叫作“投射效应”。当中心店通过操作，在消费者群体中形成轰动效应后，同一品牌的卫星店在其他区域市场落地时就能借势。这也是现在互联网公司强调最多的本地化服务。

当然，IP 的建立，就是一个造星的过程。造星的成本高不高？当然高，这就需要在一定的时间内将经销商的资源集中起来，向中心店倾斜。一旦中心店的市场优势建立起来，其他店就能利益共享。

这种打法与现在市场的信息筛选成本过高紧密相连。只有建立高辨识度的中心店、旗舰店，才能降低消费者的选择成本。这与目前互联网上旗舰店、专卖店和专营店，还有大大小小的淘宝店的布局，道理是类似的。

一个店的火爆，能够带动爆款产品的销售；而爆款产品的火爆，能带动卫星门店同款产品的销售；卫星门店同款产品的热销，又能带动店内其他产品的动销。这就形成了一个正向的价值传导。

儿童学习桌椅作为一个比较冷门的行业，可能大多数人都不太熟悉。如何快速让这个品类引起大家的关注，是杭州护童儿童学习桌椅上海操盘手王总一直在思考的问题。虽然前期不断地在上海各个区域建店、开点以及开展推广活动，但是整体市场销售依然处于不温不火的状态。护童，作为学习桌椅行业的领军品牌，为了抢占上海这个全国的市场制高点，保持行业的领军优势，必须要想办法打破这种尴尬的市场局面。

在建立的商超、书城、百货店、独立店等诸多类别的网点中，通过人流分析和投入产出的比较，王总选择了以闵行区南方商城的百货店为中心店，其他店为卫星店的打法。首先集中力量推高中心店的销量，建立学习桌椅行业在上海市场的第一个眼球高地，再通过分散在各区域的品牌网点进行销售拦截。

在学习桌椅这个行业，单店月销售额在 10～20 万元是行业平均水平。由于品类单一，即使增加了书包、台灯等产品作为延伸销售，客单价也很难大幅提升。在上海这种寸土寸金的地方，商业地产租金高，这类产品的门店运营稍有不慎，就有可能亏损。但是为了打造明星门店，不打破行业这种以产出计投入的做法，与竞争对手的差距就无法拉开。

如何打造这个眼球高地呢？就是以“8·18 护童学习桌椅南方商城店庆”的活动方式，通过一定时间的推广蓄水，成为这个行业率先突破月销售额 200 万元的门店，制造话题，引爆销量，对竞争对手形成直接的碾轧。但是，这样一个看似高不可攀的目标，在行业月均单店销售额 10～20 万元的情况下，如何实现呢？通过评估，王总决定采用“用卫星店的销量反哺中心店的销售”这种方式。

首先是争取南方商城市场管理方的高度支持。要在人流如织的百货商场得到市场管理方要场地给场地、要广告位置给广告位置的超国民待遇，签订全年保底租金是最快的方法。从过去的扣点到如今的保底每年 100 万元租金的做法，虽然运营压力增大，但是换取了市场方在活动期间给予的第二活动现场的位置、广告引导的位置以及安保人员的配备等资源。

其次，中心店通过场地布置、活动宣传、销售引流，在 10 天的活动蓄水期间，门店停止直接开单，只做预售，接受预售的消费者不仅可以享受惊喜的折扣，对于愿意当天现场提货的消费者，还会再给予额外奖励。

同时，各个卫星店在活动期间也停止直接开单销售，也只接受预订。所有消费者只要愿意8·18当天去南方商城店提货，同样也能享受大额折扣和额外奖励。通过十天左右的蓄水，各个卫星店积累的预约客户已经形成了井喷之势。

结果，到了8·18店庆当天，从上海各个区域赶来的消费者聚集在南方商城活动的第二现场。将近50个门店接待人员整整一天忙得连喝水的时间都没有。从各个分店调来的人手全部投入到了各自门店预约客户的接待当中。而当天形成的火爆销售，还直接带动了前期未参加预约消费者的购买欲望，导致现场还额外增加了26套学习桌椅的销售。

最后，此次活动共计形成233万元实际销售额，火爆的场面，最大范围地普及了护童品牌的学习桌椅，一举占据了上海市场学习桌椅第一品牌的位置，而与护童仅仅一步之遥的其他学习桌椅品牌，当天销售额虽然也有小幅提升，但是相较于护童233万元的销售额来说基本可以忽略不计，员工士气大受影响。

同时，由于活动火爆，南方商城市场管理方对销售结果也非常满意，护童品牌在南方商城后期的品牌推荐和宣传也得到了市场管理方的大力支持。

更为重要的是，明星店打造成功以后，以护童为品牌的卫星店在各自区域的销售额也得到了相应的提升。很多人一说到护童，就知道是学习桌椅行业的领军品牌，现在护童的平均单店销售额要比行业平均水平高出2~3倍。

商战对弈，如同两军对垒，只有在声势上先震慑敌人，在精神上先击垮敌人，从高位冲低位，由高位打低位，才能形成战略优势。商战虚虚实实，真真假假，一切只不过是市场营销的手段而已。当年某知名微波炉品牌，为了抢先在舆论声势上打压竞争对手，通过回购等多种方式，实现了“行业首家月销量突破100万台微波炉”的目标，这个重要的宣传标签，在消费者心中留下了极好的核爆效应。

如果说中心店是要“大而全”，形成卡位优势，那么分布在各地的卫星店，除了拱卫京畿重地之外，要想保持自身的持续发展，就需要打造自己的门店特色。

## 一、卫星店的选址要接近目标消费人群

开分店，选址是一个重要工作。我们在前面的文章中曾经介绍，耐消品的经销商应该去哪里开分店？中心店可以选址在人流量大、人气高的地方，它选址的依据不是精准，而是流量优势，在这样的位置建立中心店，品牌传播是第一位的。而对于卫星店的选址，一定是要无限地接近目标人群，目标人群越精准，卫星店的价值就越高。

靠近小区，甚至进入小区开店，已经成为耐消品，尤其是家电、建材、家居行业开店的趋势。卫星店如何在小区里挖出金矿、做好行销，这是另一个篇幅的内容，在这里不做重复介绍。

## 二、卫星店要开发隐性流量

明星和普通人最大的区别是什么？就是明星不用朝九晚五地去赚钱养家，就会有大把的资源汇集过来，直播睡觉都能获得500万元打赏。

市面上看得见的流量，很容易被明星给吸走，这是明星的价值。而作为普通人，要想生活得好，钱赚得多，可能就得身兼多职、一专多能。卫星店和中心店的区别也在于此。

卫星店想要靠着自然流量活得很好，抱有这样幻想的经销商基本会被现实啪啪地打脸。自然流量是中心店的猎物，不仅是中心店周围的自然流量，可能还包括卫星店周围的自然流量。卫星店要想生存下去，必须要另辟蹊径，把市面上的非自然流量挖掘出来，与他们建立稳定的客户关系。比如做家居建材的经销商，要和设计装修公司建立合作关系；做家电的门店，要和精装房的地产商保持合作；做儿童学习用品的经销商，要和社会化的教育培训机构建立联系。

这些都是门背后的生意，前面也有单独的章节进行过介绍。

## 三、卫星店的产品要本地化

分店的建设，不是简单的重复建设，尤其是分店的产品组合，必须要实现本地化，才能将开分店的价值最大化。

十里不同风，百里不同俗。在区域分店的拓展上，也要遵循这个原则。常德神农氏蜂蜜店的拓展，完全根据区域所在的消费力的实际情况开店。从早期的 1 个店，开到高峰期的 8 个店，即使是同样靠近社区的分店，靠近常德卷烟厂的社区店，主要是以蜂胶、蜂王浆产品的出样为主，蜂蜜产比较少；而靠近老旧小区的青年路社区店，出样产品主要以灌装蜂蜜为主。为了贴近消费能力，甚至还引进了其他品牌的蜂蜜产品；而对于在鼎城区这个流动人口为主的社区店，产品的销售主要以散装蜂蜜为主，其他门店产生的近效期产品，也会以在这个门店打折消化为主。

总结一下，店必须定位，这是老生常谈，千店千面是趋势。多店拓展必须要建立中心店的IP效应，形成“1+N”的伞状格局。卫星店要在选址、渠道、产品上形成与中心店的差异化，才能找到自己的生存空间。

## 第二节　以消费者体验为中心，就是要突破消费者认知

马云是新零售概念的发明者，当然也是新零售的推动者。

虽然后来腾讯、京东都出来定义过类似新零售的概念，但是阿里巴巴的新零售定义显然更带着权威的光环。

在2017年《阿里巴巴研究院新零售研究报告》中，阿里巴巴首次明确了新零售包含的三个主要元素：消费者体验、数据驱动、泛零售。

**泛零售：**我们前面说过，零售形态的泛化、零售产品的泛化，是未来零售的主要趋势。只会贱买贵卖的经销商，生存空间肯定是日益缩窄。

**数据驱动：**在互联网快速普及的今天，数据对生意的指导作用越来越大。从盲目的等客上门到有意识地主动出击，数据在改变生意的节奏，本书也有提及。

**消费者体验：**相较于泛零售、数据驱动的横空出世，消费者体验并不是一个新词。从“五觉”的感官刺激，到身心愉悦的心理满足，要有让消费者爽的意识，在大多数商家心里自始至终都是有这根弦的。只是在实践中，让消费者爽的方式，更多地存储在现场销售人员的灵感中，并没有把它作为一个系统梳理出来。

## 一、什么是以消费者体验为中心？

过去，我们一直强调，以消费者体验为中心的门店，就是要刺激和满足消费者的眼、耳、口、鼻、手的感官需求，在陈列方式上，在音乐的选择上，在材质的接触上等各个方面来引导消费者。但是，一旦大多数门店都在这样干的时候，这种行云流水的田园牧歌，对于绝大部分消费者来说就会变得麻木而无感。

今天，要在消费者麻木、疲劳的神经里面砸下一个坑，在实体门店的管理上，只有无限地逼近自身的极致，不断地突破消费者的认知，才能在以消费者体验为中心的时代不断收获成功。

## 二、什么叫突破消费者的认知？

1. 没见过这样的店

无人门店为什么收割人气？因为它突破了消费者对传统门店的认知。门店的 VR、AR 视觉系统，改变了过去我们看图是二维平面的习惯。凡是能突破消费者传统认知的尝试，都是在为消费者体验提供对比。

我还想问一句，今天的消费者是当上帝当惯了，还是当孙子当惯了？引用一位同行说过的一句话，今天的消费者不是当上帝当惯了，而是当皇帝当惯了。因为上帝是帮人的，只有皇帝才要人服侍。消费者神气的时候多了，突然软弱一次，这种体验，消费者也容易记忆深刻。

怎样才能让消费者露怯呢？一种方法是不断引入新的技术手段，但是这取决于类似的新零售技术在耐消品门店的普及速度和水平。另一种方法则是不断突破消费者对一般实体店形象的认知，这是目前经销商比较容易控制的因素。

我在前面多次提到建设形象店的重要性，除了有利于打造多店的IP效应，在品牌活动联盟中占据更好的位置，形象店还有一个重要价值，就是建立消费者的极致体验，在门店气场上占据优势。

我自认为还见过点世面。觉得路易·威登在法国香榭丽舍大道的店略显陈旧，在以华人购物为主的老佛爷百货店比较嘈杂，但是看到日本涉谷的一家LV的旗舰店，当我第一次进去的时候，我还是被店面的整体格局震撼到了。

在日本这个寸土寸金的国家，房屋建筑以小为主，我觉得蜗居才是日本房屋的最大特色。但是涉谷的LV旗舰店，不仅占地面积大，而且大堂层高至少8米以上。热情的迎宾人员聚集在大堂，大堂进深处设有一个跃层，里面是隔断的VIP室，VIP室上面是架空的二楼新品区。

这家LV店，仅仅是对空间设计的大量浪费，就与日本大部分的店铺设计的紧凑风格大相径庭。这明显就是一个异类，它的高调不在于金碧辉煌，而在于空间浪费上。

正是这个8米见高的大堂，让我感觉自己太渺小了，那种尘埃感不由自主地就蹦了出来。如果没有导购热情的引导，我都感觉自己有些不自在了。就算这里的产品贵，你买不起，你也不会觉得是他们的定价太高，而是自己来错了地方。

店的极致，是以拓宽消费者见识为假设。这要求经销商在硬件的投入上要有上帝视角。在行情好的时候，大店有助于跑马圈地，越来越好；在行情不好的时候，大店的高地价值和标杆作用依然能够自带流量。

2. 见过这样的店，没见过这么厉害的人

建筑是死的，人是活的；产品是死的，人是活的；场景是死的，人是活的。耐消品，尤其是涉及一定技术门槛的耐消品，门店销售人员的价值不可忽视。靠谱的品牌、靠谱的门店、靠谱的人三者的重叠，才是消费者买单的理由。

在门店环境里，人的极致就是销售技能的极致。一个连产品介绍都说得结结巴巴的销售人员，消费者自然不会买单，但是，如果你只能像绝大多数销售人员一样有条不紊地介绍产品，消费者也很难因你而改变主意。

杭州莫干山路的月星家居广场，有个卖功能学习桌椅的店员叫应丽。其他门店的导购都说产品太贵，功能太复杂，不好卖，唯独她这个地方卖得特别好。

在一次针对性的市场走访中，我发现她在给消费者介绍产品的时候，手、眼、口是统一的，嘴里在清晰地介绍产品卖点，眼睛一直看着顾客的反应，手上熟练地展示产品的功能。

有个顾客挑衅地问她："你把这个产品说得这么好，你家小孩用了吗?"

应丽一笑："姐，不瞒您说，我们家孩子正是用的我给您介绍的这款产品，连桌椅都是我自己装的。您也可能发现了，我在调节产品的时候，基本不看产品，直接上手调，因为我对这款产品太熟悉了。您不信，我闭着眼睛都能将这款学习桌椅调节回您进店时的状态。"说干就干，应丽闭着眼睛，仍然嘴里一边介绍，手里一边配套演示产品，不到30秒，就将产品恢复了原貌。

这个顾客看完，彻底放了心，很快就下了单。

一个极致专业的销售人员，是消费者体验的中心环节，销售人员的绝活不是每次都要亮出来，而是根据消费者的现场反应来决定。这就像郭德纲强调的，说相声的背个段子、讲个笑话，很多人都能来两下。但是要指着上台说相声吃饭，你得学会根据现场观众的反应来组织现场的内容。百家饭养百样人，同样的段子，有的人听了乐，有的人听了就不乐。不是活儿不好，而是人不对。

3. 见过厉害的人，没见过这么好的产品

为了体现产品的卖点，大部分门店都设计了产品演示环节。比如某品牌油烟机为了展示吸力大，拿一块薄木板让油烟机吸附住；某品牌净水器为了体现净水功能强大，将墨汁倒在水里搅浑，然后用滤芯过滤，墨汁瞬间成了清水。这些演示环节的设计，确实也能抓住消费者的眼球，但是这些演示也会带来一些副作用。

有消费者会追问，油烟机吸力这么大，我老婆炒菜的时候，会不会把头发吸进去？既然滤芯过滤了，这清水你能喝吗？在演示环节的设计上，要注意前后的闭环。对演示可能带来的副作用要有足够的预案。我在给一家油漆企业培训时，企业人员介绍，他们家的油漆生态、环保，是食品级的，可以直接喝。我只追问一句，那你们有谁喝过吗？结果下面顿时鸦雀无声。

对于极致的产品演示，如果对消费者的认知经验准备不足，也就是对副作用出现的预案准备不够，有时候做这种极致演示可能适得其反。

4. 买过这么好的产品，没见过这么好的服务

服务和体验有区别吗？好的服务不就是给消费者好的体验吗？

但我觉得两者不仅在量上有差别，在质上也有距离。服务是门店应该提供的标准流程，体验则是门店为消费者带来的额外惊喜。做好了服务，不代表消费者有好的体验，而消费者如果有良好的体验，一定是服务做到了极致。换句话说，服务的极致才是体验。

有个在天猫做网店的朋友，他是这样区别“服务”和“体验”的。凡是消费者认为理所应当得到的部分，都属于服务。凡是消费者觉得意

想不到的服务，都属于体验。并且，这两者可以相互转化，正向的转化是用做服务的钱做出体验的效果，反向的转化则是花了体验的钱，还在做服务的工作。他给我举了一个例子。

有一次，他临时发现有一批灯具的镇流器性能不稳定，但是一场大型促销活动刚刚结束，后台大量的订单等着货发出去。怎么办？是先发货，再等消费者找上门来，解决售后问题？还是等更换了镇流器后，延迟发货？

最后，这位朋友选了一个折中办法。虽然只有50%的概率，灯具的镇流器会出问题，但是他在每套灯具里面，都免费配送了一个备用镇流器，并在旺旺上提醒消费者注意查收！很多消费者在收到产品后非常高兴。因为备用镇流器是个意外的惊喜，其他的灯具厂家从来没有配备过两个镇流器，消费者对商家的贴心和细心留下了大量的好评。

这件事如果按照售后流程来走，等到消费者找上门来，不仅该花的钱要花，消费者的体验还会非常差。但是按照体验的流程来走，让消费者有意外的获得，同样的付出，消费者的好感大幅提升。

5. 享受过这么好的服务，没见过这么不折腾的商家

有选择的人才是幸福的。虽然我们一直强调要将选择权交给消费者，但是很多经销商还是试图控制消费者的行为。

互联网时代，一个人控制另外一个人的概率已经越来越低。就如有些经销商喜欢用奖励的方法来改变线上、线下的销售比例。

消费者是喜欢在线上下单，还是喜欢在线下成交，这是取决于消费者的习惯和自身考量，用物质奖励的方法人为地改变线上、线下的习惯，这就是在折腾消费者。

消费者如果愿意分享她的购物经验，网上购物就会留下数据轨迹供商家分析，而商家则需要提供平台供大众监督，一旦消费者不满意，她就会告诉所有人。这就是线上支付、线上点评的价值。

如果消费者更愿意保留隐私，要做一对一的线下交易，经销商虽然不用提供平台供大众监督，但是消费者也不会留下任何数据信息作为回报。这就是一个互惠对等的交换。

未来是线上交易为主，还是线下交易为主？这对经销商来说并不重要，重要的是经销商能不能为消费者提供多个选项。无论是为了刷单，把支付订单从线下往线上引，还是为了逃避监管，将消费者从线上往线下引，都不是在以消费者体验为中心。

为消费者提供尽可能多的选择，才是市场进化的正确途径。

## 第三节　互联网时代的社会化融资

过去一说到融资，好像就是品牌企业的事情，经销商的融资大概都叫借款。当然，随着国家对中小企业融资渠道的拓宽，体量大一点的经销商在银行的融资渠道相对要宽松一些。这两年，随着社会资本的放开，小型经销商的融资方式也在变得更加灵活。

其实，融资这件事，多少年前，经销商无论大小，老早就在干，只不过经销商习以为常，没有意识到罢了。比如对于员工的劳动力资本，其实就是采用的融资方式，先工作再结账，融资时间一般是一个月。上游经销商给予咱们赊销账期，先货后款，少则一个月，多则一年的都有，时间一长，变成烂账，不了了之的也不少。这种融资方式由于和约定俗成的社会文化有关，所以经销商也没有太多感觉。

不光是经销商在向社会融资，经销商本身也是在向社会提供融资渠道。在科特勒的经典营销理论里，经销商为社会提供的是八大价值，其中最重要的一项就是融资。现在来看，任何企业都没有能力通过直营的方式，把自己的产品覆盖到全国甚至全球，资金能力就是一项重大的缺口。企业通过经销商的方式拓展渠道，其实就是一种变相地向经销商融资的方式，如果经销商不能承担应当提供的价值，那么其在渠道里的生存空间和存在的意义肯定会大打折扣。

既然被融资是经销商存在的意义之一，那如何把这种压力和风险分摊到下游和消费者身上，就是提升自身价值的手段和目标，也是需要经销商经常思考的问题。

需要明确的是，对于做生意而言，钱永远都缺。如何让账上保有现金是经销商的生存底线。向上，尽可能先货后款；向下，尽可能现款现货，这个简单的逻辑大家都懂，但要具体落地，要么咱们握有足够的底牌，要么咱们得有具体的方法和技巧。

话又说回来，但凡打开门做生意，钱来账往的，从来没有赊过别人的货，或者是被人赊过货，又或是从来没有找人借过钱，或者是被人伸手借过钱的，十个生意人里面，难得找出一个。生意周转，江湖救急，欠钱和被欠，算是一种常态。

欠钱，无论是对批发商还是零售商，都是切肤之痛。批发商把货卖给零售商，零售商是买家，批发商是卖家，零售商更有讨价还价的资本；但换个场合，当零售商面对消费者的时候，消费者是买家，零售商是卖家，消费者要求赊账，大多数时候就不是一句“小本经营，概不赊欠”能够解决得了的。

比如在零售环境下，我们可能会碰到好不容易通过一场口干舌燥的讨价还价，确定了购买意向，最终要付款的时候，消费者突然冒出一句：这个东西价格太贵，一时拿不出这么多钱，我分期付款行不行？

耐消品的价格都不低，消费者如果分期付款，账上就会形成大量的应收资金，垫资的风险不言自明。此时，经销商的内心肯定是拒绝的。但是对于眼看就要到手的一笔交易，仅仅因为付款方式的分歧而前功尽弃，经销商也会心有不甘。那么，有没有其他方式，既能够解决消费者需要分期付款的问题，又不用自己垫资呢？

云南玉溪的刘总，由于经销的产品都是套装家具，一个订单下来，少则几千元，多则数万元。对于消费者，如果有分期付款的服务，当然是更容易促成订单。刘总解决这类问题的方式，则是充分利用社会信贷融资体系的日渐成熟，借力发力，既不用自己来垫付这笔资金，又能够解决消费者分期付款的问题。

现在绝大多数消费者都有支付宝，而支付宝其中有一个“蚂蚁借呗”的入口（有些信用额度低的用户没有这个入口）。支付宝根据消费者不同的消费信用，都会授予对应的借支额度。这笔借支额度其实是可以直接套现的，借支者只需支付一定的利息即可，通过适当操作，这笔借支额度就可以成为社会化融资的来源。

一般在订单的最后促成阶段，对于有强烈分期付款需求的消费者，刘总通常都会和消费者约定分期时间（一般是三个月，最多不超过半年）。然后引导消费者在支付宝上的“蚂蚁借呗”取得对应的额度，刘总负责支付因为分期付款产生利息的部分。这样一来，既没有让消费者多花钱，也不会让自己的资金过多垫付，影响周转。

目前，支付宝的“蚂蚁借呗”、微信的“微粒贷”，都有分期付款和融资功能，蚂蚁借呗的日利率是万分之三（1 千元用 1 天利息 0.3 元），微粒贷的日利率是万分之二点五（1 千元用 1 天利息 0.25 元）。而且目前二者是竞争关系，利率的多少，会根据消费者的信用情况和不同时间有所变化，比如最近微粒贷的日利率就从过去的万分之五变成了万分之二点五。

这种融资的方式，其实还有一个好处，就是支付宝和微信提前帮我们做了一个信用审核和筛选，而且这种审核是有数据基础的，不是拍脑袋得出的。从支付宝和微信给消费者信贷额度的大小，也可以间接看出这个消费者的实际消费能力。如果消费者连支付宝和微信都没有信用额度，或者信用额度很少，该不该给这个消费者提供分期付款，恐怕经销商自己首先要在心里打个大大的问号。

当然，也有经销商不利用支付宝"蚂蚁借呗"、微信微粒贷等工具，而是直接给消费者分期付款的优惠，只是在消费者对象的筛选上，都是选择在自己门店附近的客户。每个月约定固定时间，消费者通过微信转账进行分期支付，这种付款方式虽然降低了利息成本，但是也限制了客户的群体。

现在也有经销商通过与小额贷款公司签订协议，为消费者提供分期付款。这种形式由于涉及贷款手续的办理，比如要提供消费者的身份证、家庭地址等信息，消费者对此多有戒备心理，效果也不如"蚂蚁借呗""微粒贷"好。

不仅零售商有社会化的融资渠道，其实作为批发商，也有经销商通过社会化融资的方式解决资金压力。当然，这不包括那些有较高利息，主要针对经销商的小额贷款公司。

资金是有时间成本的，有借有还，按时还款是每个债务人的基本义务。但是由于前些年社会风气的影响，也导致某些人怀揣"借钱时是孙子，还钱时是大爷""我凭自己本事借的钱，为什么要还"之类的论调，恶意拖欠，甚至赖账者也并不少见。

湖南的彭总是多家建材企业的省级代理，对于这类问题也是司空见惯，经过十多年的苦心经营，下辖的网点遍布全省。这些网点经销商不是跟着他多年创业的兄弟，就是一些风雨同舟成长起来的零售商朋友。有时候下辖网点需要铺货支持或者是资金周转的，他也抹不开面子，不好拒绝。时间一久，等到财务清理旧账的时候，他发现公司的应收账款高峰期竟然超过一千万元，而且有些烂账已经过去将近十年，现在根本无法追查。

为了解决赊销问题，他和当地的银行联系，开通一个集团信用卡业务。他给所有需要赊销的下辖网点用经销商自己的身份证办了一张信用卡。卡由自己保管，信用卡绑定的是每个经销商自己的手机号码。凡是需要赊销发货的，公司就从信用卡中刷出对应金额，并让财务电话通知对应的经销商，告知当期应还款金额和时间。事实上，下线网点与银行产生借贷关系后，只要不按时还款导致产生的利息，将由每个经销商自己负责消化。

彭总通过此番操作，经过一年的过渡期，应收账款降低了80%以上，而且大部分经销商的经营并没有因为赊销调整而受到影响。所有经销商还款的自觉性和风险意识大大提高。

经销商的社会化融资创新，其实就是充分利用社会现有的各类借贷条件，根据自身状况，适当地进行调整和改进，彻底把“洋玩意”变成“土办法”。

对于批发型经销商，像彭总这样采用“信用卡转嫁”的方式，需要有比较成熟的上下游关系，才会执行得比较好。对于大部分批发商来说，最好的融资其实还是不赊销。

一旦不赊销，经销商最担心的是什么？销量下滑。有没有既不赊销又能促进销售额增长的两全之法呢？

那么我们就回到零售商为什么要赊销的问题上。零售商要赊销，考虑的大致是这样三个问题：一是确实资金周转有问题；二是资金没问题，怕拿了货不好卖，压了资金；三是资金没问题，也不怕你货不好卖，就怕没人管。一旦形成产品积压，就没有兑现渠道。

第一个问题，从社会化融资的角度找办法，这个方案前面已经讲到了。第二个问题，咱们得解决产品动销的问题。第三个问题，则是要考虑产品的退出机制。

**包销：**要解决产品的动销问题，说上一万遍洗脑，不如做一次看看。产品能不能卖，不是厂家说了算，也不是经销商说了算，而是市场说了算。今天，单把货物分销给零售商已经算不上本事了，咱们得真金白银地帮零售商把产品卖出去，才能让零售商心服口服。

浙江温州的邱总，作为电器产品的区域代理，在产品的分销上有一套自己的心得。近两年，在销售人员的组织架构上，也开始跟着厂家进行了转向，从单纯的销售人员转型为销售 + 市场人员。为此，他专门抽调组建了一支推广队伍。

这支推广队伍的主要工作就是配合销售人员，对新客户的新店开张或者是新产品推广协助开展不定期的活动。新店开张或者是新品上市，邱总对进货达到一定额度的零售商在所辖区域投放资源，通过活动的拉动，承诺包销首次进货额的 60% ~80%，先款后货的难度自然大大降低。当然，这也对经销商的选品能力、团队管理能力提出了更高的要求。

**包退：**对于零售商产品的退出机制，我想请经销商朋友们思考一下：是赊销以后收不回账，导致损失的概率更大，还是零售商可能卖不动退货而造成的产品积压的概率更大？

我想这个问题不难回答。批发商在选品上，在网点的选择上，在活动的投入上，如果真是在全心全意经营，而不是一个简单的塞货动作，零售商退货的概率肯定是比赊销烂账的概率小很多。当年，董明珠在推新品的时候，要求所有的经销商必须现款现货，而经销商之所以愿意配合，正是董明珠敢于硬气地承诺，新品一年卖不动，格力100%包退。

当然，批发商给零售商承诺包退，零售商不一定相信。红口白牙，上嘴唇碰下嘴唇，你要说话不算数怎么办？

河南有家建材批发商，通过批量公证合同的方式，让律师和公证处为自己包退的承诺背书。每开发一家门店，就签订一份格式条款的合同，包括公证处和律师的背书文件。后来，我问了一位律师朋友，这样操作是不是能够加大包退的概率。律师朋友的说法是，从法律程序上来说，有没有公证文件，合同条款的内容只要双方签字，都是一样有效的。签写公证文件，可能对零售商心理作用更大一些。

## 第四节　网点拓展，经销商比厂家更会干

从零售商到批发商，经销商工作职能的一个重大转变就是从与消费者打交道到与终端网点的老板打交道。从自己赤膊上阵到幕后运筹帷幄，虽然工作岗位发生了变化，但生意的逻辑没有发生变化。

干什么吆喝什么，无论是面对消费者，还是终端网点，如果我们不能为服务对象提供价值，要么我们只能做一锤子买卖，要么我们做不成买卖！

那什么是给服务对象提供价值呢？基本上每个经销商都认为自己代理的产品还不错，不然当初自己也不会接这个品类或者品牌。所以有人认为，我给这些终端网点提供好产品、好品牌，这不就是给服务对象提

供价值吗？

这种想法对不对呢？我建议各位每当有这种想法的时候，就想一想自己小时候读书学的那点知识，是自己最喜欢的那一科学得更轻松，还是老师管得更严的那一科学得更轻松？结果不用我说，答案都在大家心里。

什么意思呢？我们认为的好产品、好品牌，是我们自己认为的，不是终端网点认为的。想硬塞给他，他没有这个兴趣，就更不会有这个能力，这就不是在提供价值，而是在压货！

同样是开发网点，压货和提供价值的区别在哪儿？

压货，就是不分网点对象是谁，以进货为目标；提供价值，就是知道谁是我们的目标客户，进了咱们的货，他一定有能力卖掉。我们要做的就是把产品摆放到目标店里去。

那谁是我们的目标客户呢？对于家具、建材类大件耐消品，还真不是开个店就能卖货的。为什么？这是因为像矿泉水这类产品，几乎所有的消费者都能接受，在小卖部能买，在酒店能买，在自动售货机上也能买。但是对于大件耐用品，网点没有足够的信誉背书，消费者还真不敢是个地方就消费。

什么是耐消品的网点信誉背书呢？以建材产品为例。

我在美的照明服务的时候，针对五金渠道的网点拓展，我提出了三种“黄金门店”的类型作为重点进驻的对象。什么是“黄金门店”？就是业务人员在网点拓展过程中，通过三看三问，发现有如下特点的门店，一定要想尽一切办法把货铺进去，倾斜资源也要进。

第一类黄金小门店的特点是店的形象非常好，一般是某个大品牌的门头。最有特色的是包柱，你会发现有无数品牌的海报在争抢它的包柱：A 品牌上面贴着 B 品牌，B 品牌上面又贴着 C 品牌，C 品牌海报的卷角还没有抹平，D品牌又“啪”的一声贴上去了。

走进这种门店，你发现，这样的店可能五金品类不是最全的，但是主要品牌的爆品基本都有。更有特点的是，五金渠道一般来说都存在物料匮乏或紧张的情况，但是在这个店里，你会看到在店里的拐角或者门后，可能还有一些根本没有来得及使用的物料堆放在那里。

为了验证这种门店的真实销售额，你还得再次退到门店外，在店门口站个10～15分钟，你会发现店内的人流基本不断，买个胶带，换个开关，十里八乡的人都知道在这个位置有这么一个店，能够解决日常生活中的哪些问题。

最后，销售人员就要再次走到店里，对老板追问这样一句话：“老板，您这个店开了多长时间?”（你是谁）

你得到的答案，这样的店没有10年以上，也在5年左右。这就是所谓靠着时间成本积淀下来的黄金小店。商圈范围以内的人都知道在这个位置有一个店，它成为社区居民的真正邻居，也就是我们所说的“百年老店”。

第二类黄金小门店，我把它称为“水电工型”门店。第二种黄金店与第一种黄金店相比，店面形象大幅下降，除了门头可能是某个品牌门头外，基本没有什么大品牌海报，即使有，也是稀稀拉拉。

在门外看到这些信息，你必须走到店内进行二次验证。店内基本没有什么规范的陈列，更不要说装修标准了。店内守店的一般是老板娘，即使有人进来了，老板娘也不会太热情，因为简单零售可能根本就不是他们店里的主要业务。仔细观察店里产品品类，你会发现店内的产品主要是水电相关的产品，比如电线、开关、光源、下水管、乳白胶带、五金龙头等，有些甚至还顺带卖两个马桶盖。

看到这些，你可以对老板娘问这样一个问题：“咱店里的老板以前是干啥的呀?”（从哪里来）

这个时候，老板娘多半会漫不经心地告诉你：我老公以前是水电工，平时就帮着邻居走电线、换水管。以前有啥五金配件都去人家那儿拿，又贵又麻烦，后来干脆开了个店，图自己方便。现在光给人家装水电就忙得不着家，这个店还得靠我守着。

“水电工型”的黄金门店，靠的是水电工自身的安装资源进行销售，客源稳定，技术背书，因此能卖高价产品，与其他五金门店形成了比较大的技术壁垒。

第三类黄金小门店，我把它称为“门背后的生意”。这类门店相较于第二种门店，门店形象更差，站在店门外，你甚至可能连店招牌和包柱都找不到。进到店里，老板正在那儿无聊地玩着手机，对你也是一副爱搭不理的样子。

店里产品的陈列不能用摆放形容，只能说是堆砌在那儿。与第二种门店最大的区别是，产品的品类非常多，也非常全，远远超出了水电工程的范畴，有些乡镇的门店甚至堆放着砖块和水泥。你在店里坐上一两个小时，也很难看见一两个顾客进来。这种五金门店，要是按常理来推断，早就应该关门大吉，活下来简直没有天理。

看到这种情形，销售人员就应该追问：“老板，咱这店里的货主要卖到哪里去了?”（到哪里去）

这个时候，店老板有了话题，脸上不无得意地告诉你：我大舅是镇政府党委书记，我小姨子是县人大常委会主任，我女婿是市建委基建处处长……我这店里的生意，主要是靠他们做中小工程。

第三类黄金门店，显然是靠着自身的关系资源做着门背后的生意，自然超出了我们对五金零售小店的正常理解。

之所以要讲述这个案例，其实主要是剖析家居建材等大件耐消品的销售好坏与店主的背景资源有着非常重要的联系。在做网点开发的过程中，围绕与之相关的信息进行调查，才能找出我们的目标店。

那对于耐消品销售的网点开发，通用的问题模型应该是什么样子的呢？

我将这个阶段业务拓展的问题模型，总结为“终极三问”：

➢你是谁？

➢从哪里来？

➢到哪里去？

怎么理解？对于耐消品的销售，找一位值得消费者充分信任的销售者是第一位的。在挑选目标门店时，这三个问题就是在检验信任问题。

围绕“你是谁”来设计问题，解决了这个店的声誉问题，包括门店的存活时间、门店易主的次数、门店的装修频次等。其实，我们也很容易发现，存活时间越长的门店、店主越稳定的门店、装修升级越频繁的门店，销售能力也越强。只是品类的差异，导致问题设计的方向会有不同。

围绕“从哪里来”设计问题，解决的是老板的专业问题。老板和售卖产品的专业联系性越强，销售能力肯定也会越强。事实上，现在不少家居建材行业的老板曾是装修公司的人、某家居建材企业的员工，包括水电工等。这些有着专业背景的销售人员，在市场的临门一脚上肯定有着得天独厚的优势。

围绕“到哪里去”来设计问题，解决的是店老板的社会资源问题。我们今天必须要面对这样一个现实，就是我们仍然处于一个资源型创业的时代，社会资源越丰富，销售能力越强，创业成功的概率越大，这是一个不争的事实。少数什么资源都没有的人也能创业成功，我相信，这也是在创业过程中不断整合资源的结果。

讲完了“终极三问”的网点拓展模型，这里面其实忽略了一个重要问题，就是要围绕“终极三问”设计问题，这些优秀的终端样本从哪里来？因为只有根据这些优秀的终端，我们才能有的放矢地设计出问题，从而开发出目标店！

2015 年，我给公元管道做咨询拓展的时候，曾提出了渠道拓展的六个步骤，其中第一步就是：无论我们现在的整体销售有多差，这其中肯定有卖得好或者是卖得相对好的门店。而这些比较好的门店特征就是我们需要总结和提炼的。然后将符合这样特征的门店作为重点开发的对象，进行快速复制，“终极三问”正是要解决这个问题。

其实，对于刚刚开始从零售商升级为批发商的经销商来说，第一步要做的就是要有块试验田，是驴是马先跑起来。跑起来，才能发现问题；跑起来，才能找到机会。

跑马圈地，代价比较低的方法有以下三种：

1. “杀熟”

先从熟人的网点下手，熟人好说话，销售过程中有什么问题，他也会及时告诉你。由于这是处于试验阶段，规则和资源要灵活点，人家给咱当小白鼠，无论成败，最后尽量不要让朋友吃亏。

2. 陌拜

陌拜即陌生人拜访，就是让销售人员随机开网点，通过招募业务人员分区域、定指标、拿结果。既然可以“杀熟”，为什么还要陌拜呢？陌拜有一个重要作用，就是可以让样本分布得更加充分，弥补因为“杀熟”带来的资源同质化，导致某种特质的优秀终端跳不出来。

比如我是一个背靠设计师资源发展起来的门店。我认识的终端，肯定是资源与我同质化的更多，互补性相对较少，完全不是一个圈子混的就更少。陌拜就是能帮我们把这块短板补起来。

3. 转介绍

我们知道太极生两仪，两仪生四象，四象生八卦，八卦化万物。如何在有限的客户资源面前衍生出无穷的客户线索，让客户进行转介绍，就是一个非常有效的方法。换句话说，就是要求销售人员在每一次客户拓展结束后，无论成功与否，都要向客户提出要求转介绍的请求。

有人问，这样的方式，转介绍的成功率高吗？我给大家一个直观的数据案例。2015 年，以做轮胎生意为主的湖南联信商贸，跨界接了一个灯具小品牌。就靠着这种请求转介绍的方式，3 个月的时间，仅湖南一个省，一名业务人员就开出 50 多家网点，二次进货率达到 60% 以上。

第一步跑马圈地；第二步总结目标店特征，突破目标店；第三步才是现在大多数经销商最擅长干的事儿——花钱做客情关系。第三步的事情，为什么到这个时候做就有效果了呢？因为当主要的目标店开始动销我们的产品后，能够对周边的非目标店形成示范作用，这在分销原理上称为“雪崩效应”。这个时候，市场的基本认知已经构建起来，我们再对那些合作意愿非常强烈的非目标店进行形象包装，开展活动支持，非目标门店存活、返单的概率才会提高。

总结一下，经销商的网点建设是有基本逻辑的。要想低成本、高效率地建设网点，大致应该遵循从跑马圈地到突破目标店，再到建设目标店的卫星店这么一个过程。这个过程看起来简单，但在实际操作中，也是见真章的功夫。

## 第五节 “佛系销售”的“佛系管理”

现在处于销售一线的员工主要是 80 后、90 后，经销商那里的人员也大致如此。这些80后、90后现在好不好管理？你去问十个经销商，九个经销商都头疼。

80后、90后和过去的60后、70后最大的区别是什么？就是这帮孩子没挨过饿，生下来丰衣足食，最不济的，家里也有两套房。他们开始不为钱工作，而是把工作当一种生活方式。在他们里面，谁要是为了多赚点钱就拼死拼活，加班加点，谁就违背了主流价值观，是要被鄙视的。

物质上无欲，精神上就无求。老话说得好，无欲则刚，“佛系”的80后、90后，现在刚得像铁板一样。过去人力资源管理中，经典的胡萝卜加大棒的策略，在今天遇到了空前挑战。大棒引发全面反弹，胡萝卜也开始失效。如果咱们像监工一样，拿着鞭子盯着销售人员干活，交报表、搞抽查、早例会、周总结，不少80后、90后受不了，感觉个人隐私受到了侵犯；基本上所有的老板也都试过用钱来刺激他们，但无一例外地告诉我：“好像这些年轻人对钱没多少兴趣！”

硬的不行，软的也不行，软硬兼施还不行。在办公室上班的，每天还能朝九晚五的看在眼里，那些天马行空、放羊式管理的销售人员，管起来麻烦就更大了。

贵州某管材品牌的代理商邵总，2016年在佛山某企业的培训会上，通过三天两夜，认认真真地学了厂家的一套五金小店的行销管理模式。回来以后全员宣贯，上系统、改考核，每日的目标可追溯，每周的目标可检核，每月的目标可修正。23个业务人员包片划区，定时、定人、定点、定线，任务落实到人头，工作分解到时点，检核拆解到动作。这一番动静下来，上至老板娘，下至老板的娘，基本实现了人人头上有任务，个个身上有指标，并以此为契机，发动了一场名为“百日创富”的集中拉练。

同时，为了提振士气，邵总还特意将全公司人员拉到贵州遵义的红色基地，进行了一番彻底的革命主义教育，忆苦思甜、艰苦奋斗，为完成所谓的“百千万”目标大干100天。结果，从遵义回来，不出一个月，有将近7个业务人员陆续提出辞职。其中有个90后给邵总的辞职理由是“公司的文化不适合我!”

邵总不解的是，这些80后、90后到公司上班时间少则一两年，多则三五年，这么长时间没发现公司文化不适合，怎么我管严一点，就发现文化不适合啦?

销售是结果重要，还是过程重要？这些年，这个争论一直没有停。理论上来说，过程好，结果自然好，这句话一点也没错。但是在我们的企业实践中，包括在经销商的实践中，那些发展壮大的经销商，以结果为导向的时候，公司风生水起，一旦开始管控，整个公司就鸡飞狗跳。

我们不得不承认，绝大部分销售人员都是靠销售结果拿底薪、拿提成的，绝大部分经销商也不愿意为过程指标付出大量的薪水成本，毕竟真金白银才是决定注意力的指挥棒。当经销商的组织能力还不够，平台的吸引力还不够的时候，强力推行过程管理，对于经销商来说，这样的行为在医学上有一个统一的称呼，叫“解离症”，通俗一点说，就是人格分裂。

中国历史上，朝代维持时间最久的是哪个朝代？不是我们最熟悉的唐朝，也不是最富有的宋朝，而是存续了791年的周朝（前1046—前256）。那么，周朝为什么能存续这么多年？我想，这和它的政治制度有一定关系。

在夏、商、周三朝里，周的分封制最为彻底。什么是分封？就是天子给你划块地，在这块封地上，你只需要经济上按时交纳贡赋，政治上履行镇守疆土，军事上随时拱卫王室。至于这块地的人、财、物，你要怎么管、怎么分，都是你自己的事情。只有封地不履行义务时，天子才会按照“一削其爵、二夺其地、三六师移之”的步骤，把不按套路出牌的诸侯打回原形。

周朝是传统礼仪文化形成的主要时期，各类圣贤的典籍教导人们安贫乐道、克己复礼，这和今天的“佛系”是不是有点像？“一箪食，一瓢饮，在陋巷，人不堪其忧，回也不改其乐。”对于无欲无求的人，我们上管天，下管地，中间管空气，生产线的孩子就可能跳楼，销售线的孩子就可能跳槽。

相反，越是无欲无求的“佛系”青年，越是要让他们自己管理自己，用现在常说的一句话，就是要让他们绽放，让他们有当家做主的感觉。你不是觉得自己的一亩三分地做得挺好的吗？行！权利、义务、责任都给你讲清楚，地盘、资源、产品、支持给你提供，我就找你拿结果。等到按你的方法拿不到结果的时候，这就不是我在批评你，而是在帮助你。

所以，对于“佛系”的80后、90后，销售管理的逻辑可以遵循“佛系管理法”：**重结果，轻过程；结果不好，一切推倒**。

## 一、怎么理解这个原则

**重结果：**所有的奖优罚劣，我肯定是以销售结果为依据。不管你用什么手段，不管你使什么招数，这一亩三分地，能产多少粮，你都得扛着。这就是重结果。

**轻过程：**轻过程，不是不要过程，而是充分利用IT系统的发达，或者是单列人力，同步收集过程指标。这个收集过程，尽可能地减少销售人员的工作量。换句话说，这些过程指标的产生，应该是输出销售结果的副产品。

**结果不好，一切推倒：**销售结果好，我不看你的过程指标，收集的这些过程指标，我给你留着；销售结果不好，我们再把你的这些过程指标拿出来，对照着优秀员工的指标做调整。这有点像周天子的分封制，封地给你了，销售结果好，皆大欢喜；销售结果不好，削爵、夺地、发兵，一样都不会少。

换句话说，你的那一套，我充分让你用，充分发挥你的想象力和才华，只要你能完成任务，我不干涉。但是一旦你的那套方法达不成目标，来，来，来，我们坐下来好好喝杯茶！

结果指标经销商都会定，不是销售额就是销量。过程指标应该怎么选呢？这个指标的选择是与销售结果密切相关的指标，而且是销售结果的副产品。影响耐消品销售结果的过程指标，我认为大致有三类：客情的好坏、订单的质量、网点的数量。

**客情的好坏：**怎么判断客情的好坏？我们知道，耐消品，以零售为主的门店，稍大一点的，一般都是店员管理，老板亲自坐店的很少；以特殊渠道为主的门店，老板更不会经常待在店里。

这些门店老板的时间是否珍贵？当然珍贵！一个代理七八个品牌的门店老板，如果咱的品牌销量对他而言不重要，业务人员去了，他会不会在店里等我们，花时间跟咱闲扯？当然不会！我们的品牌越不重要，业务人员就越见不到店老板，客情就会越差。

所以，客情的好坏，只要关注两个指标的比例，即有效拜访和事务拜访的比例。有效拜访是什么？门店销售人员走门店，见到门店的老板才算是有效拜访，见不到店老板，你去做的促销传达、物料发放、活动跟进，都只能算是事务拜访。

**订单的质量：**对于经销商来说，扩大在下辖网点的品类和品项，也就是推新，是保持生意持续增长的关键。业务人员在销售过程中，有没有全力推新品，在订单当中是可以反映出来的。这个新品的“新”，不仅仅是指刚刚上市的产品，还包括我们一直在推，网点一直没有上的老产品。

某个网点一个月12张订单，有多少张订了新品，有多少张还是在补老品？如果有系统，可以自动录入识别，即使没有系统，找个文职助理，一个小时可以统计得清清楚楚。

**网点的数量：**快消品讲究网点的无处不在，触手可及，对于耐消品来说，网点数量同样重要。销售人员是不是只跑老网点，不开新网点？只跑老客户，不见新客户？这些在网点数量的变化中有一个直观的反映。

但耐消品还有一个特点，就是一个客户有多个网点，老客户开新网点，在统计的时候，要注意把它们分开，毕竟新客户新网点比老客户新网点可能更有价值。

## 二、销售人员过程指标的统计

过程指标的统计，我们设计的基本原则就是从简，既不增加销售人员的工作量，也不增加管理的难度。

**有效拜访：**如何知道业务人员拜访有没有见到网点老板，同时又不增加业务人员工作量呢？现在很多公司都上了销售管理系统，进出店的时间只要在手机上打个卡就行。确定见没见到老板，咱们可以用拍照的方式，比如用水印相机上传一下照片，或者让业务人员在系统里直接勾选是有效拜访还是事务拜访。

销售人员会不会瞎填？有可能！但我们只把它当作真实资料。因为我们还需要安排一个文职助理，根据业务人员每天在系统里反馈回来的数据进行随机抽查。让助理直接给网点老板打个电话，见没见面，一清二楚。没抽到，你说的谎话都是真话，抽到了你撒谎，自己挖的坑，含着泪也要填完。

**新品订单：**网点传回来的订单，不一定新品一张，老品一张。很有可能是订新品的时候，老品、新品混在一起。这种订单怎么统计？没问题，从鼓励销售人员的角度出发，任何订单上，只要有新品，都可以算新品订单，即使老品、新品混在一起。

**新客新点：**开发出新客户、建设新网点，这种数据销售人员肯定要报到公司，不然没法发货。当然这种网点相对来说也更有价值。

**老客新点：**家居建材行业的客户，一户多点是很常见的事情。这种客户在进货的时候，都只用一个账户，所以订单区分也比较麻烦。

这些指标按月统计出来以后，最后形成一张总表（如表 5 – 1 所示）。在这张表里，我们能看到生意是在扩大还是在萎缩，我们的销售人员是在想办法还是在混日子。

**表 5 – 1　××商贸×月销售人员过程指标汇总表**

| 姓名 | 有效拜访 | 事务拜访 | 新品订单 | 老品订单 | 新客新点 | 老客新点 | 老客老点 |
|---|---|---|---|---|---|---|---|
| | | | | | | | |
| | | | | | | | |
| | | | | | | | |
| | | | | | | | |
| | | | | | | | |
| | | | | | | | |
| | | | | | | | |
| 汇总 | | | | | | | |

要提高员工的有效拜访次数、新品订单数量以及新客新点、老客新点的数量，经销商可以每月再设立几个类似“有效拜访月冠军”“新品订单数量月冠军”“新增网点月冠军”，想要得到什么，就考核什么，尽量别增加人员的工作量，只拣最重要的抓，越简单越好。

总结一下，“佛系管理法”的基本逻辑就是：重结果、轻过程，结果不好，一切推倒。同时，建立关键过程指标体系，从设计到检核，到汇总，坚持一切从简的原则。

# 第六节　用数字来驱动生意

大数据给我带来最震撼的一幅画面，是当一个人从出生开始，其实就已经注定了死亡的方式。

因为按照基因的遗传理论，只要有足够数量的、向上追溯的祖先基因数据可供统计分析，那么一辈一辈基因传承下来的缺陷，就决定了一个人将在某一个时间点，是肝脏会出问题，还是心脏会有毛病。而通过医学手段帮助消费者（我觉得不是患者，称为消费者更合适，因为每一个人都会无一例外的成为患者）延长寿命，就是采用提前介入的方式，为消费者提供针对性的解决方案。

在云数据的逻辑框架里，医院的这种生意模式就非常“恐怖”了。因为在大数据驱动下的生意，鲜有人可以拿得出拒绝生命的勇气。而这种用数据直击消费者痛点的生意模式，正是我们每一个经销商所期盼的转型升级的模式。

事实上，营销数字化，说了好多年，但效果都不好。2000 年左右的一波信息化浪潮，集中解决的是品牌企业的商品数字化问题，但是对于消费者本身的数字化一直徘徊不前，经销商也基本处于观望阶段。2010 年左右，互联网浪潮真正起来的时候，大部分经销商补了一下课，但也仅仅是补课。商品数字化跟上来了，但消费者数字化的问题依然是个老大难。

晚清时期的北京城三教九流鱼龙混杂。京城有个头脑灵活的生意人，趁着这个节点开了家靴坊。这家靴坊是专门为皇亲国戚、朝廷文武百官做朝靴的。他的团队对来店做靴子的文武官员的靴鞋尺寸、式样，以及他们的兴趣、爱好、官衔、住址，包括靴子的更换时间，甚至为官理政的时间，都会逐一记录并制成《履中备载》这本册子。

店里的伙计感到不解，记录靴子更换的时间是为了做回头生意，还好理解，但是为什么要记录官员为官理政的时间？

掌柜给店里的伙计解释道：一般来讲，新做官的人初尝权力，气势很盛，走路必然趾高气扬，后跟鞋底的磨损肯定就快；而那些为官时间比较长的大臣，必定谨小慎微，含胸勾背的情况比较多，前脚掌鞋垫位置的磨损肯定也比一般人大。这两类官员，换靴子的频率肯定也比其他人快，服务的频率肯定要更高一些。

当然，随着靴子生意的红火，又诞生了另外一个赚钱的行业——信息数据中心。每一个进京想谋求官职的人都会来到他这里，或用钱，或用礼物买他的官员相关信息。

而这家靴坊就是我们今天的某个著名的中华老字号。

合抱之木，生于毫末；九层之台，起于累土；千里之行，始于足下。以我们今天的数据积累，可能还远远不能达到基因数据的分析能力，但是作为线下门店，在中华老字号的基础上做得更好一点，是完全有可能的。

数字化其实分了两个部分，一个是商品的数字化，一个是消费者的数字化。现在商品的数字化做得不错，扫码技术的发展，也在最大限度地降低单个商品的数字成本。某些商品从原材料开始，到最后被消费者购买，包括整个使用过程，都可以在后台查看到相关数据，比如手机产品。但是如何对消费者进行数字化，现在还没有比较统一的标准。

从商家的角度上来说，消费者的数据肯定是越多越好，但是过多的数据会增加消费者的负担，引起消费者反感，从收集的手段上来说，也会有一些困难。所以，对于消费者数据的收集，肯定还是要有一个合理的边界。

那么，对于一个完整的数字化的消费者形象，它必须包括哪些基本信息呢？

最理想的状态是什么？现在人脸识别技术越来越成熟，当每一个消费者走进来的时候，系统能进行快速识别，这是个新客户，还是老客户，如果是老客户，叫什么名字，购买记录等资料能快速调拨、显示。甚至能够根据客户的历史购买记录，根据对应的分类，按照固定的参数，评估出这个消费者的终身价值。这时，经销商看到的就不是一个人在走过来，而是一堆钱在走过来！

但是人脸识别技术在门店的全面应用还需要一段时间。即使人脸识别技术完全应用到门店，也仍然需要经销商引导消费者完成基础信息的收集。我将这些基础性的信息分为四大类，也可以看作信息收集的框架，每类信息对生意的驱动方式也有其内在的逻辑。

## 一、确认型信息

确认型信息，就是将某个消费者与其他人完全区分开来的信息，比如身份证号、姓名、特定的联系方式等。对于普通商家，获取消费者的身份证号码是比较难的，但是获取姓名、联系方式肯定相对容易。我们可以先看一下，互联网的 APP 运营商一般是如何利用确认型的信息来进行生意驱动的。

安装 APP 的时候，在我们快速点击确认按钮时，如果稍微慢一点，留意一下，就会发现通常有“读取您的通讯录”这样一个选项。一旦点击确认，这个 APP 就会抓取你手机里存储的所有手机号码，它会默认为这些号码持有人都是你的朋友。他们是怎么用这些数据来驱动生意的呢？

当这个 APP 的增长流量不够时，这些储备的联系方式就会成为可选的保增长方式之一。比如它就会以你的口吻，给你手机存储的号码用户群发短信息“×××，我（××）把你拉进了我的关键人脉圈并认可你为‘专业靠谱’，帮个忙拆人脉推荐金，31 个朋友也在等你，还差你一个……24 小时有效……”后面附带一个 APP 的下载地址。由于是以熟人口吻发送的短信息，拉你成为下一个用户还是具有一定的诱导性的。

那线下的经销商门店如何利用确认型信息呢？合肥的一个经销商，给我介绍了一套数据连续驱动的方法，我觉得是很有创新精神的。

一般只要交易成功，获取消费者的手机号码、姓名并不难。有了手机号码之后，由于一般手机和微信号是绑在一起的，这样可以先添加微信好友。

添加微信好友，可以看到消费者的微信号和昵称，现代人的微信和微博的昵称，大部分其实是相同的。如果我们在微博里面用微信这个昵称去搜，你也很有可能搜到这个人的微博。

作为商家，添加其为微博好友，并与之互动，消费者还是蛮惊喜的，尤其是购买行为刚刚完成的时候。由于微博是开放的，可以看到消费者的微博好友。当发送客户购买过的套餐产品时，以已成交客户的购买行为为信誉背书，主动邀请已成交客户的好友来点赞、捧场，也能够增加微博的活跃度和潜在客户的基数。

## 二、类别型信息

类别型信息就是用来将消费者分类的，比如男女、职业、家庭角色等。这些信息有什么用呢？这类信息主要是为消费者画像提供参考，解决谁是我们的消费者的问题。这类信息能够帮助我们做预判，抓住我们的精准消费者。

早年以照明设计见长的KOOP，进驻国内的工程照明领域。由于是全新领域，公司的业务模式只能模仿当时的领跑者雷士照明。雷士跑工地，KOOP也跑工地；雷士跑设计院，KOOP也跑设计院；雷士跑酒店工程甲方，KOOP也跑酒店工程甲方。

但是干了大半年以后，跟着雷士跑的那些大项目一个都没成，反倒是无心插柳的一些小型商业店铺成交比例非常高。

公司将这些数据拿出来一看，比如北京的燕山石化便利店、上海的无印良品、杭州的江南布衣、广州的康升家具、深圳移动营业厅。这些面积在100平方米左右、商业性质的连锁店铺，由于对灯光的售卖要求更高，1+N的建店模式也允许有更多的试错空间，这就为以照明设计见长的KOOP快速成长留下了大量空间。

根据实际用户的购买特征，后期KOOP全国的经销商专攻商业性质的小型连锁店铺，在一家独大的市场上终于杀出一条血路。

## 三、价值型信息

价值型信息包括购买型号、购买金额、收入水平等，表明的是某个消费者的消费能力。这些信息主要用于测评消费者的未来价值，也就是我们常说的消费者终身价值，从生意的角度上来说，消费者的未来价值决定了我们的投入力度。

消费者在我们的门店进行了一次购买行为后，对于耐消品，由于复购的时间间隔比较长，不少经销商在老客户身上的投入并不多。

事实上，即使是消费者在一次性购买了6000元的热水器以后，他未来还有多种途径再一次提供价值。比如通过转介绍为我们介绍新客户，比如二套房以上的消费需求，比如使用过程中的配件更换需求，比如对于两厕房型的新增需求等方式，按概率来算，一位消费者的终身价值可能是30000元。

当经销商在接待一位购买金额为6000元的消费者时，投放的资源和精力就应该参照30000元的购买标准。有了这个标准，经销商就不会纠结于该不该给消费者送礼物、给折扣等投入性的行为了。这就是价值型信息带来的改变。

当然，消费者终身价值的测算，是通过固定公式计算出来的价值，这个价值也是概率价值。但是，当经销商有了参考价值来进行消费者评判时，服务的意愿肯定也就不一样了。这个公式不展开了，有兴趣的人可以看《用数字解放营销人》了解一下。只要有电脑系统和数据基础，得出这个参考值其实是不难的。

## 四、预判型信息

虽然价值型信息也能做些预判，但是预判型信息的结果比较量化，比如购买时间、使用频率、使用习惯等基本信息，决定消费者复购的结果比较明确。而且，这类信息也是目前经销商使用频率比较多的一类。

我爱人以吃营养餐代替晚餐来调节饮食。每次去买营养粉，店老板对以下三个问题一定会想着法子、变着花样来问：

家里的营养餐吃完了没有？

最近每餐的食用量是多少克？

最近是每天都在坚持食用，还是会有间断？

我发现这三个问题问得很有学问，如果我爱人如实回答了三个问题，基本上营养餐的食用进度就在这个老板的掌握之中了。而事实上，结果也正是如此。

每当我爱人的营养粉快要吃完的时候，不超过三天，这家门店就开始往我爱人手机上发送产品信息和促销信息了。如果超过一个星期，我爱人没过去，他的电话就来了，送货上门绝对没有问题，就怕老客户转投其他商家。

## 第七节　经销商的未来形态

每每国内的渠道变革，经销商都要被扒掉一层皮。

被扒皮未必是坏事。蛇的生命力之所以顽强，据说每一次遇到成长节点都会蜕皮重生，都会以新的形态示人。

经销商担心也没用，要“干掉经销商”的高论也不是今天才听到。一个没有中间商的流通环节很难想象。结果，那些嚷着要干掉经销商的家伙，今天都成了新的经销商，比如大卖场、电商。

凡是说要干掉经销商的人，其实都是自己想做经销商的人。

当然，经销商这种小组织未来会不会消失，与流通环节有没有中间商没有必然的联系。中间商可能是新经销商，也可能是旧经销商，新经销商和旧经销商之间一定还有一出好戏。谁将胜出，取决于在渠道运营上谁有相对的成本优势，谁能增加渠道的价值，谁有更好的消费体验。

### 一、成本优势

成本优势，不仅仅是产品成本，还有服务成本。小组织经销商在本地化的成本管理上要超过 B2B 平台的分公司，目前肯定不是问题。仍然处于创业期的 B2B 平台，现在是烧钱阶段，管理肯定有漏洞。但是，经销商要保持持续的竞争力，不能靠竞争对手犯错，小组织的精细化管理这一课迟早得上。

## 二、渠道价值

经销商的八大渠道价值之一，其中就包括信息传递。电商的接受度为什么越来越高？因为电商不仅向消费者提供产品，还开始向厂家反馈消费者数据，从单向信息交流变成了双向信息交流，电商提供了渠道价值。过去企业让经销商收集数据，喉咙喊破，嗓子叫哑，数据也很难收集上来。未来，经销商的数据化、智能化和系统化，不再是厂家逼着你上，而是形势所迫，不得不上。因为你不愿意做的事情自然会有其他人替你做，时间一久，你发现连椅子都让人给坐了。

## 三、消费体验

我在前面就已经说过，高喊消费者是上帝已经不够了。供大于求的市场环境决定了经销商必须要讨好消费者。经销商除了在场景化体验上要超过电商，在售后服务上，在信誉保证上，小组织有没有更高标准来超越大卖场？消费者体验必须是全方位、不留死角的，小组织的灵活性比不过大卖场的章程，只能说是经销商还在自己的小圈子里算小账。

作为一个有竞争力的经销商，在今天这个互联网时代，新经销商的标配至少是“一大三一”。即上线一个淘宝店，拥有一支本地化的售后服务队伍，接入一套公司化的 IT 系统，以及成为老大。

**上线一个淘宝店：**有人说现在淘宝店多如牛毛，开店根本没生意。你说的一点都没有错。因为建议经销商去网上开一个淘宝店，也没打算让你卖货，而是去满足消费者的需求。

开这个淘宝店有很多作用，比如让从不接触网络的经销商去亲自感受一下电商是如何操作的，建立直观认知：有些消费者希望自己的购买行为有第三方监督，实现线上搜索、线下体验，线上支付、线下服务；有的消费者需要分期付款，有些在淘宝店里才能实现；经销商要甩货，至少还得有个平台。

**拥有一支本地化的售后服务队伍：**耐消品对经销商最大的好处是产品和服务永远是一个整体，这是经销商本地化的最大价值。虽然耐消品的产品标准化程度越来越高，服务的门槛也越来越低，但消费者永远相信专业的人更有保障。

无论经销商是采用外包还是自建，甚至是雇用临时工，来拥有本地化服务队伍，只要能找到费用投入与专业服务感的平衡点就行。更重要的是，你愿意花多少钱通过这些人在消费者心里打造经销商的品牌。

**接入一套公司化的 IT 系统：**经销商管理的信息化一直在提大数据、云计算、B2B 来了，虽然让经销商脱胎换骨的难度比较大，但是经销商在这波浪潮中信息化升级的概率还是比较高的。

门店智能化肯定是未来的趋势，无论是接入大品牌的系统，还是自建系统，都是可以尝试的路径。以消费者体验为中心，抓取消费者数据，提升渠道价值。没有信息化，经销商就没有未来。

**成为老大：**什么叫成为老大？我在给经销商讲的课上不断在强调，成不了全国老大，成为省老大；成不了省老大，成为市老大；成不了市老大，成为区县老大；成不了区县老大，成为乡镇老大；连乡镇老大都成不了，想办法成为某个品类的老大也行，甚至成为某个型号的老大也行。没有老大的地位，就没有发言权。

经销商只有想办法成为某一类老大，才能在未来占有一席之地。

有了“一大三一”，经销商在线上、线下就有了基本立足点，也有基础去把握未来的四类竞争与合作的关系。

### （一）与 B2B 行业的竞合关系

随着互联网的深入，标准化、同质化的产品销售比例会越来越高。未来绝大多数有售卖功能的门店绝不是在最好的地方花最多的钱建最漂亮的店（当然，体验店除外），而是将功能集中在配送职能上。这一点与近两年兴起的 B2B 行业高度重叠，事实上，快消品行业已经有经销商转型进入了 B2B 行业。

这样一来，对经销商仓储管理能力的要求大幅提升。一部分被迫转型的经销商能不能在偏僻地区甚至是偏远地区，在地价还没有被炒热之前，抢先布局仓储位置就显得至关重要。仓库设在地价比较低的地方，让坪效产出最大化。

经销商未来的人员招募，不再是招募导购人员或者是业务人员，而是招募大量有仓储管理经验的人，这些人以品牌或者品类为单位设置岗位，高效的仓储管理能力，是他们的职业生命力。生产企业在区域市场的产品分销和配送，只有通过仓储商的调度，才能最大限度地减少占仓和压仓。

经销商未来不再是简单地赚取差价，而是通过专业的服务，获取产品在仓的周转效益。

当然，经销商转型为仓储商也得益于渠道品牌崛起的大势，产品越成熟、差异化越小的行业，渠道品牌就会越成熟，商品品牌就会越弱化。

### （二）与第三方服务公司的竞合关系

围绕经销商这个行业已经衍生出很多配套行业，比如渠道代开发行业、维修保养行业、门店活动策划行业等。这些本来就赋予了经销商的功能，由于经销商行业前期的野蛮生长，很多人并没有踏踏实实完成这些基本功。这一轮互联网的冲击会迫使经销商追本溯源。

经销商一直在强调的增值服务，其实才是经销商安身立命的根本。从简单的倒卖到不可或缺的存在，这是一个巨大的转变。今天，有些经销商的渠道开发能力、活动策划能力、快速响应服务的能力已经退化到需要第三方服务公司手把手地教。

严重依赖第三方服务公司的经销商将在这一波浪潮中被大量淘汰，挤压甚至取代第三方服务公司生存的经销商将会有一轮新的成长。

在经销商的公司架构里面，要么在部门设置上会出现更多细化的服务职能部门，这些职能部门会以内部结算的方式进行独立核算；要么会逐步出现团队承包形式的各类第三方服务公司，他们未来不仅仅承接经销商自己经营品牌的外包服务，还会承接同类产品的相似业务。这是经销商发展的一个更高层级，也是渠道崛起的标志之一。

当然，有人问那些曾经是第三方服务公司的人未来会如何流动？我的看法是，他们会被招募到有远见的商贸公司里，成为商贸公司组织细化的第一拨带路人。

### （三）与物流、快递的竞合关系

2008 年，在做未来渠道预测的时候，我就认为，经销商未来的竞争对手之一就是与快递和物流的竞争。我们过去看到的经销商的车销形式只是与快递、物流竞争的雏形，而利用三轮车、公交车等送货工具，也只是竞争的最低层次。在这场决定主动权的战役中，最后一公里的竞争，才是这场战斗的关键。

未来的快递、物流只能赚什么钱？要么是小批量标准化产品的支线配送费，要么是大批量混装产品的干线运费，而要与配套服务衔接在一起的配送服务，只能由经销商来承担。显而易见，穿着“××快递”衣服的快递小哥并不如穿着“××专卖”工服的专卖店人员能够给消费者带来良好的心理感受和服务体验。

同时，有远见的区域经销商会将车队纳入仓储商统仓统配的体系，成为共享工具的一环。虽然目前统仓统配的做法实施得不尽如人意，但是随着大数据的累积和智能算法的成熟，统仓统配的优势一定能最大限度地体现出来，这又与 B2B 行业有了重合。

所以，经销商要在未来占据主动，抢占快递、物流最后一公里的关键位置，才能确保在这一轮洗牌中不被淘汰。

### （四）与无人零售行业的竞合关系

无人零售的虚火烧了一阵以后，现在又火势减弱。但是并不代表无人零售真的彻底熄火了。

记住，凡是能带来消费者体验，又有成本和增值优势的渠道变革都将发生。无人零售的方向并没有错，它只是需要时间来优化。

无人零售店前期发展的动力，是崛起于企业和经销商的第三方势力，比如说缤纷盒子，比如说 EasyGo。第三方势力通过跑马圈地，势必要挤压经销商的生产空间。但是，正如没有任何一家生产企业能够用全面直营的方式设立专卖店一样，无人零售企业也不可能独立承担全部的开店风险。而最好分摊经营风险的方法，就是招募社会资本投资加盟，这仍是经销商制。这个时候，经销商就成了无人店的投资方，或者叫加盟方。

更进一步的是，随着无人店技术越来越成熟，已经积累足够经验的经销商绝不会甘心于做加盟商这个配角。已经掌握一个省或者一个市渠道的经销商完全有能力通过技术外包，自创区域性的无人零售店品牌，成为真正独霸一方的门户经销商。这个时候，经销商成立的“××商贸公司”就不再只是一个名字或者符号，而是真正能够成为消费者心中的渠道品牌。

所以，从这个角度看，虽然无人零售业态是在冲击经销商的饭碗，但也正是无人零售业态的兴起加速了渠道品牌的兴起。而渠道品牌的兴起是厂商博弈中商家扳回一局的好机会，这才是经销商成就自身品牌的最好时代。

# 推荐作者得新书！

## 博瑞森征稿启事

**亲爱的读者朋友：**

感谢您选择了博瑞森图书！希望您手中的这本书能给您带来实实在在的帮助！

博瑞森一直致力于发掘好作者、好内容，希望能把您最需要的思想、方法，一字一句地交到您手中，成为管理知识与管理实践的桥梁。

但是我们也知道，有很多深入企业一线、经验丰富、乐于分享的优秀专家，或者忙于实战没时间，或者缺少专业的写作指导和便捷的出版途径，只能茫然以待……

还有很多在竞争大潮中坚守的企业，有着异常宝贵的实践经验和独特的洞察，但缺少专业的记录和整理者，无法让企业的经验和故事被更多的人了解、学习……

**对读者而言，这些都太遗憾了！**

博瑞森非常希望能将这些埋藏的"宝藏"发掘出来，贡献给广大读者，让更多的人从中受益。

所以，我们真心地邀请您，我们的老读者，帮我们搜寻：

**推荐作者**

可以是您自己或您的朋友，只要对本土管理有实践、有思考；可以是您通过网络、杂志、书籍或其他途径了解的某位专家，不管名气大小，只要他的思想和方法曾让您深受启发。

可以是管理类作品，也可以超出管理，各类优秀的社科作品或学术作品。

**推荐企业**

可以是您自己所在的企业，或者是您熟悉的某家企业，其创业过程、运营经历、产品研发、机制创新，等等。无论企业大小，只要乐于分享、有值得借鉴书写之处。

**总之，好内容就是一切！**

博瑞森绝非"自费出书"，出版费用完全由我们承担。您推荐的作者或企业案例一经采用，我们会立刻向您赠送书币 1000 元，可直接换取任何博瑞森图书的纸书或电子书。

感谢您对本土管理原创、博瑞森图书的支持！

推荐投稿邮箱：bookgood@126.com　　推荐手机：13611149991

## 1120本土管理实践与创新论坛

这是由100多位本土管理专家联合创立的企业管理实践学术交流组织，旨在孵化本土管理思想、促进企业管理实践、加强专家间交流与协作。

论坛每年集中力量办好两件大事：第一，“**出一本书**”，汇聚一年的思考和实践，把最原创、最前沿、最实战的内容集结成册，贡献给读者；第二，“**办一次会**”，每年11月20日本土管理专家们汇聚一堂，碰撞思想、研讨案例、交流切磋、回馈社会。

**论坛理事名单**（以年龄为序，以示传承之意）

## 企业案例·老板传记

| | 书名.作者 | 内容/特色 | 读者价值 |
|---|---|---|---|
| 企业案例·老板传记 | **你不知道的加多宝:原市场部高管讲述**<br>曲宗恺　牛玮娜　著 | 前加多宝高管解读加多宝 | 全景式解读,原汁原味 |
| | **借力咨询:德邦成长背后的秘密**<br>官同良　王祥伍　著 | 讲述德邦是如何借助咨询公司的力量进行自身与发展的 | 来自德邦内部的第一线资料,真实、珍贵,令人受益匪浅 |
| | **娃哈哈区域标杆:豫北市场营销实录**<br>罗宏文　赵晓萌　等著 | 本书从区域的角度来写娃哈哈河南分公司豫北市场是怎么进行区域市场营销,成为娃哈哈全国第一大市场、全国增量第一高市场的一些操作方法 | 参考性、指导性,一线真实资料 |
| | **六个核桃凭什么:从0过100亿**<br>张学军　著 | 首部全面揭秘养元六个核桃裂变式成长的巨著 | 学习优秀企业的成长路径,了解其背后的理论体系 |
| | **像六个核桃一样:打造畅销品的36个简明法则**<br>王　超　范　萍　著 | 本书分上下两篇:包括"六个核桃"的营销战略历程和36条畅销法则 | 知名企业的战略历程极具参考价值,36条法则提供操作方法 |
| | **解决方案营销实战案例**<br>刘祖轲　著 | 用10个真案例讲明白什么是工业品的解决方案式营销,实战、实用 | 有干货、真正操作过的才能写得出来 |
| | **招招见销量的营销常识**<br>刘文新　著 | 如何让每一个营销动作都直指销量 | 适合中小企业,看了就能用 |
| | **我们的营销真案例**<br>联纵智达研究院　著 | 五芳斋粽子从区域到全国/诺贝尔瓷砖门店销量提升/利豪家具出口转内销/汤臣倍健的营销模式 | 选择的案例都很有代表性,实在、实操! |
| | **中国营销战实录:令人拍案叫绝的营销真案例**<br>联纵智达　著 | 51个案例,42家企业,38万字,18年,累计2000余人次参与…… | 最真实的营销案例,全是一线记录,开阔眼界 |
| | **双剑破局:沈坤营销策划案例集**<br>沈　坤　著 | 双剑公司多年来的精选案例解析集,阐述了项目策划中每一个营销策略的诞生过程,策划角度和方法 | 一线真实案例,与众不同的策划角度令人拍案叫绝、受益匪浅 |
| | **宗:一位制造业企业家的思考**<br>杨　涛　著 | 1993年创业,引领企业平稳发展20多年,分享独到的心得体会 | 难得的一本老板分享经验的书 |
| | **简单思考:AMT咨询创始人自述**<br>孔祥云　著 | 著名咨询公司(AMT)的CEO创业历程中点点滴滴的经验与思考 | 每一位咨询人,每一位创业者和管理经营者,都值得一读 |
| | **边干边学做老板**<br>黄中强　著 | 创业20多年的老板,有经验、能写、又愿意分享,这样的书很少 | 处处共鸣,帮助中小企业老板少走弯路 |
| | **三四线城市超市如何快速成长:解密甘雨亭**<br>IBMG国际商业管理集团　著 | 国内外标杆企业的经验+本土实践量化数据+操作步骤、方法 | 通俗易懂,行业经验丰富,宝贵的行业量化数据,关键思路和步骤 |
| | **中国首家未来超市:解密安徽乐城**<br>IBMG国际商业管理集团　著 | 本书深入挖掘了安徽乐城超市的试验案例,为零售企业未来的发展提供了一条可借鉴之路 | 通俗易懂,行业经验丰富,宝贵的行业量化数据,关键思路和步骤 |

## 互联网+

| | 书名.作者 | 内容/特色 | 读者价值 |
|---|---|---|---|
| 互联网+ | **新营销**<br>刘春雄　著 | 新营销的新框架体系是场景是产品逻辑,IP是品牌逻辑,社群是连接逻辑,传播是营销逻辑 | 助力品牌商实现由传统营销到新营销的理念和行动的跨越,助力企业打赢升级转型之仗 |
| | **企业微信营销全指导**<br>孙　巍　著 | 专门给企业看到的微信营销书,手把手教企业从小白到微信营销专家 | 企业想学微信营销现在还不晚,两眼一抹黑也不怕,有这本书就够 |

续表

| | | | |
|---|---|---|---|
| 互联网+ | **企业网络营销这样做才对：B2B大宗B2C**<br>张　进　著 | 简单直白拿来就用，各种窍门信手拈来，企业网络营销不麻烦也不用再头疼，一般人不告诉他 | B2B、大宗B2C企业有福了，看了就能学会网络营销 |
| | **互联网时代的银行转型**<br>韩友诚　著 | 以大量案例形式为读者全面展示和分析了银行的互联网金融转型应对之道 | 结合本土银行转型发展案例的书籍 |
| | **正在发生的转型升级·实践**<br>本土管理实践与创新论坛　著 | 企业在快速变革期所展现出的管理变革新成果、新方法、新案例 | 重点突出对于未来企业管理相关领域的趋势研判 |
| | **触发需求：互联网新营销样本·水产**<br>何足奇　著 | 传统产业都在苦闷中挣扎前行，本书通过鲜活的案例告诉你如何以需求链整合供应链，从而把大家熟知的传统行业打碎了重构、重做一遍 | 全是干货，值得细读学习，并且作者的理论已经经过了他亲自操刀的实践检验，效果惊人，就在书中全景展示 |
| | **移动互联新玩法：未来商业的格局和趋势**<br>史贤龙　著 | 传统商业、电商、移动互联，三个世界并存，这种新格局的玩法一定要懂 | 看清热点的本质，把握行业先机，一本书搞定移动互联网 |
| | **微商生意经：真实再现33个成功案例操作全程**<br>伏泓霖　罗晓慧　著 | 本书为33个真实案例，分享案例主人公在做微商过程中的经验教训 | 案例真实，有借鉴意义 |
| | **阿里巴巴实战运营——14招玩转诚信通**<br>聂志新　著 | 本书主要介绍阿里巴巴诚信通的十四个基本推广操作，从而帮助使用诚信通的用户及企业更好地提升业绩 | 基本操作，很多可以边学边用，简单易学 |
| | **阿里巴巴实战运营2：诚信通热卖技巧**<br>聂嵘海　著 | 诚信通TOP商家赚钱的密码箱，手把手教你操作，拿来就用 | 图文并茂，内容齐全，直接可以对照使用 |
| | **抖音营销如何做：未来抖商**<br>刘大贺　著 | 解密从0到1亿粉丝的实操路径，深度剖析抖音营销全系统策略 | 企业做抖音营销的第一书 |
| | **微商团队长：从入门到精通**<br>罗品牌　著 | 由浅入深，涵盖微商团队长必学技能的方方面面 | 只要照着做，就能当好微商团队长 |
| | **互联网精准营销**<br>蒋　军　著 | 怎么在互联网时代整体策划、包装品牌和产品，并在此基础上为企业设计商业模式，技术实现并运营落地 | 为有基础的小微企业（大企业的新项目）1年实现销售额过亿，2年对接资本，3年左右准IPO |
| | **今后这样做品牌：移动互联时代的品牌营销策略**<br>蒋　军　著 | 与移动互联紧密结合，告诉你老方法还能不能用，新方法怎么用 | 今后这样做品牌就对了 |
| | **互联网+"变"与"不变"：本土管理实践与创新论坛集萃·2016**<br>本土管理实践与创新论坛　著 | 本土管理领域正在产生自己独特的理论和模式，尤其在移动互联时代，有很多新课题需要本土专家们一起研究 | 帮助读者拓宽眼界、突破思维 |
| | **创造增量市场：传统企业互联网转型之道**<br>刘红明　著 | 传统企业需要用互联网思维去创造增量，而不是用电子商务去转移传统业务的存量 | 教你怎么在"互联网+"的海洋中创造实实在在的增量 |
| | **重生战略：移动互联网和大数据时代的转型法则**<br>沈　拓　著 | 在移动互联网和大数据时代，传统企业转型如同生命体打算与再造，称之为"重生战略" | 帮助企业认清移动互联网环境下的变化和应对之道 |
| | **画出公司的互联网进化路线图：用互联网思维重塑产品、客户和价值**<br>李　蓓　著 | 18个问题帮助企业一步步梳理出互联网转型思路 | 思路清晰、案例丰富，非常有启发性 |
| | **7个转变，让公司3年胜出**<br>李　蓓　著 | 消费者主权时代，企业该怎么办 | 这就是互联网思维，老板有能这样想，肯定倒不了 |
| | **跳出同质思维，从跟随到领先**<br>郭　剑　著 | 66个精彩案例剖析，帮助老板突破行业长期思维惯性 | 做企业竟然有这么多玩法，开眼界 |

续表

| 行业类:零售、白酒、食品/快消品、农业、医药、建材家居等 | | | |
|---|---|---|---|
| | 书名．作者 | 内容/特色 | 读者价值 |
| 零售·超市·餐饮·服装 | **总部有多强大,门店就能走多远**<br>IBMG 国际商业管理集团　著 | 如何把总部做强,成为门店的坚实后盾 | 了解总部建设的方法与经验 |
| | **超市卖场定价策略与品类管理**<br>IBMG 国际商业管理集团　著 | 超市定价策略与品类管理实操案例和方法 | 拿来就能用的理论和工具 |
| | **连锁零售企业招聘与培训破解之道**<br>IBMG 国际商业管理集团　著 | 围绕零售企业组织架构、培训体系建设等内容进行深刻探讨 | 破解人才发现和培养瓶颈的关键点 |
| | **中国首家未来超市:解密安徽乐城**<br>IBMG 国际商业管理集团　著 | 介绍了乐城作为中国首家未来超市从无到有的传奇经历 | 了解新型零售超市的运作方式及管理特色 |
| | **三四线城市超市如何快速成长:解密甘雨亭**<br>IBMG 国际商业管理集团　著 | 揭秘一家三四线连锁超市的经验策略 | 不但可以欣赏它的优点,而且可以学会它成功的方法 |
| | **新零售　新终端**<br>迪智成咨询团队　著 | 梳理和提炼新零售的系统打法,将之落地在新终端建设上 | 让新零售这一看似形而上的商业概念有了可以落地的立足点 |
| | **新零售动作分解:建材　家居家具**<br>盛斌子　著 | 第一本锁定在家居建材、家电、家装等耐用消费品领域谈新零售的书 | 第一本谈新零售的具体动作、策略、方法、招术的书,拿来就用 |
| | **新零售进化趋势与未来格局**<br>李政权　著 | 通过业态、品类、体验、场景等,逐一呈现新零售的未来进化 | 就新零售未来的发展方向与进化趋势给出一个确定性的未来 |
| | **涨价也能卖到翻**<br>村松达夫　【日】 | 提升客单价的 15 种实用、有效的方法 | 日本企业在这方面非常值得学习和借鉴 |
| | **移动互联下的超市升级**<br>联商网专栏频道　著 | 深度解析超市转型升级重点 | 帮助零售企业把握全局、看清方向 |
| | **手把手教你做专业督导:专卖店、连锁店**<br>熊亚柱　著 | 从督导的职能、作用,在工作中需要的专业技能、方法,都提供了详细的解读和训练办法,同时附有大量的表单工具 | 无论是店铺需要统一培训,还是个人想成为优秀的督导,有这一本就够了 |
| | **百货零售全渠道营销策略**<br>陈继展　著 | 没有照本宣科、说教式的絮叨,只有笔者对行业的认知与理解,庖丁解牛式的逐项解析、展开 | 通俗易懂,花极少的时间快速掌握该领域的知识及趋势 |
| | **零售:把客流变成购买力**<br>丁　昀　著 | 如何通过不断升级产品和体验式服务来经营客流 | 如何进行体验营销,国外的好经营,这方面有启发 |
| | **餐饮企业经营策略第一书**<br>吴　坚　著 | 分别从产品、顾客、市场、盈利模式等几个方面,对现阶段餐饮企业的发展提出策略和思路 | 第一本专业的、高端的餐饮企业经营指导书 |
| | **餐饮新营销**<br>杨　勇　程绍珊　著 | 在新环境下,对餐饮营销管理进行了全面深入的解读,提供了方式方法 | 全面性、系统性,区别于市面上的纯操作类作品 |
| | **电影院的下一个黄金十年:开发·差异化·案例**<br>李保煜　著 | 对目前电影院市场存大的问题及如何解决进行了探讨与解读 | 多角度了解电影院运营方式及代表性案例 |
| | **赚不赚钱靠店长:从懂管理到会经营**<br>孙彩军　著 | 通过生动的案例来进行剖析,注重门店管理细节方面的能力提升 | 帮助终端门店店长在管理门店的过程中实现经营思路的拓展与突破 |
| 耐消品 | **商用车经销商运营实战**<br>杜建君　王朝阳　章晓青　等著 | 从管理到经营,从销售到服务,系统化运作全指导 | 为经销商经营开阔思路,掌握方法 |
| | **汽车配件这样卖:汽车后市场销售秘诀 100 条**<br>俞士耀　著 | 汽配销售业务员必读,手把手教授最实用的方法,轻松得来好业绩 | 快速上岗,专业实效,业绩无忧 |

续表

| | | | |
|---|---|---|---|
| 耐消品 | **润滑油销售:这样说这样做更有效**<br>张金荣　著 | 针对渠道、经销商、终端的超实用话术 | 上车看,下车用,3 分钟就能学会。 |
| | **新经销:新零售时代,教你做大商**<br>黄润霖　著 | 从选址、产品、促销、团队、规模阐述新经销变与不变的市场手法和操作思路 | 实地拜访近 100 位经销商在传统营销手法上的创新、新营销工具的发现 |
| | **珠宝黄金新营销**<br>崔德乾　著 | 营销、品牌、产品、连接、场景、社群、服务、传播、管理及产业价值链 | 新营销在珠宝行业的实战应用,业内必备第一书 |
| | **跟行业老手学经销商开发与管理:家电、耐消品、建材家居**<br>黄润霖　著 | 全部来源于经销商管理的一线问题,作者用丰富的经验将每一个问题落实到最便捷快速的操作方法上去 | 书中每一个问题都是普通营销人亲口提出的,这些问题你也会遇到,作者进行的解答则精彩实用 |
| 白酒 | **酒水饮料快消品餐饮渠道营销手册**<br>朱伟杰　著 | 主要针对快消品(酒水、饮料)的餐饮渠道,提供了区域、商圈、不同业态的规划和促销安排等多种工具,并提出了经销商、批发商等相关人员的管理方法 | 一本酒水饮料如何在餐饮渠道销售的全能手册,内容深入翔实,可以直接照搬套用,这样的便利简直千金不换 |
| | **白酒到底如何卖**<br>赵海永　著 | 以市场实战为主,多层次、全方位、多角度地阐释了白酒一线市场操作的最新模式和方法,接地气 | 实操性强,37 个方法、6 大案例帮你成功卖酒 |
| | **变局下的白酒企业重构**<br>杨永华　著 | 帮助白酒企业从产业视角看清趋势,找准位置,实现弯道超车的书 | 行业内企业要减少 90%,自己在什么位置,怎么做,都清楚了 |
| | **1. 白酒营销的第一本书(升级版)**<br>**2. 白酒经销商的第一本书**<br>唐江华　著 | 华泽集团湖南开口笑公司品牌部长,擅长酒类新品推广、新市场拓展 | 扎根一线,实战 |
| | **区域型白酒企业营销必胜法则**<br>朱志明　著 | 为区域型白酒企业提供 35 条必胜法则,在竞争中赢销的葵花宝典 | 丰富的一线经验和深厚积累,实操实用 |
| | **10 步成功运作白酒区域市场**<br>朱志明　著 | 白酒区域操盘者必备,掌握区域市场运作的战略、战术、兵法 | 在区域市场的攻伐防守中运筹帷幄,立于不败之地 |
| | **酒业转型大时代:微酒精选 2014-2015**<br>微酒　主编 | 本书分为五个部分:当年大事件、那些酒业营销工具、微酒独立策划、业内大调查和十大经典案例 | 了解行业新动态、新观点,学习营销方法 |
| 快消品·食品 | **中国快消品营销的这些年**<br>史贤龙　著 | 作者精华文章的合集,一本书浓缩了过去十五年,中国营销的实战历程与前沿思考 | 快消品营销行业的案例和方法都原汁原味呈现,在反映当时风貌的同时,展望与反思 |
| | **营销中国茶:2 小时读懂茶叶营销**<br>史贤龙　著 | 从不同视角对中国的茶营销进行了思考,内容涉及中国茶产业战略困境、茶企规模化、茶品牌崛起、茶文化、茶营销、茶消费、茶零售、茶道等 | 内容丰富扎实,文字流畅,浓缩的都是精华,让你 2 小时读懂茶叶营销 |
| | **这样打造快消品标杆市场**<br>罗宏文　著 | 帮助你解决如何成功打造标杆市场和进行持续增量管理两大问题 | 一套系统的方法论,通俗易懂,可以直接套用 |
| | **5 小时读懂快消品营销:中国快消品案例观察**<br>陈海超　著 | 多年营销经验的一线老手把案例掰开了、揉碎了,从中得出的各种手段和方法给读者以帮助和启发 | 营销那些事儿的个中秘辛,求人还不一定告诉你,这本书里就有 |
| | **快消品招商的第一本书:从入门到精通**<br>刘　雷　著 | 深入浅出,不说废话,有工具方法,通俗易懂 | 让零基础的招商新人快速学习书中最实用的招商技能,成长为骨干人才 |
| | **乳业营销第一书**<br>侯军伟　著 | 对区域乳品企业生存发展关键性问题的梳理 | 唯一的区域乳业营销书,区域乳品企业一定要看 |

续表

| | | | |
|---|---|---|---|
| 快消品·食品 | **金龙鱼背后的粮油帝国**<br>余　盛　著 | 讲述金龙鱼品牌及母公司丰益国际的商业冒险故事 | 在精彩的阅读体验中学到营销管理的方法 |
| | **食用油营销第一书**<br>余　盛　著 | 10 多年油脂企业工作经验，从行业到具体实操 | 食用油行业第一书，当之无愧 |
| | **中国茶叶营销第一书**<br>柏　龑　著 | 如何跳出茶行业“大文化小产业”的困境，作者给出了自己的观察和思考 | 不是传统做茶的思路，而是现在商业做茶的思路 |
| | **调味品企业八大必胜法则**<br>张　戟　著 | 八大规律性的关键成功要素，背后都有本土调味品企业的成功实践 | “观点阐述＋案例描述”，行业必读 |
| | **调味品营销第一书**<br>陈小龙　著 | 国内唯一一本调味品营销的书 | 唯一的调味品营销的书，调味品的从业者一定要看 |
| | **快消品营销人的第一本书：从入门到精通**<br>刘　雷　伯建新　著 | 快消行业必读书，从入门到专业 | 深入细致，易学易懂 |
| | **变局下的快消品营销实战策略**<br>杨永华　著 | 通胀了，成本增加，如何从被动应战变成主动的“系统战” | 作者对快消品行业非常熟悉、非常实战 |
| | **快消品经销商如何快速做大**<br>杨永华　著 | 本书完全从实战的角度，评述现象，解析误区，揭示原理，传授方法 | 为转型期的经销商提供了解决思路，指出了发展方向 |
| | **快消品营销：一位销售经理的工作心得 2**<br>蒋　军　著 | 快消品、食品饮料营销的经验之谈，重点图书 | 来源与实战的精华总结 |
| | **快消品营销与渠道管理**<br>谭长春　著 | 将快消品标杆企业渠道管理的经验和方法分享出来 | 可口可乐、华润的一些具体的渠道管理经验，实战 |
| | **成为优秀的快消品区域经理（升级版）**<br>伯建新　著 | 用“怎么办”分析区域经理的工作关键点，增加 30% 全新内容，更贴近环境变化 | 可以作为区域经理的“速成催化器” |
| | **销售轨迹：一位快消品营销总监的拼搏之路**<br>秦国伟　著 | 本书讲述了一个普通销售员打拼成为跨国企业营销总监的真实奋斗历程 | 激励人心，给广大销售员以力量和鼓舞 |
| | **快消老手都在这样做：区域经理操盘锦囊**<br>方　刚　著 | 非常接地气，全是多年沉淀下来的干货，丰富的一线经验和实操方法不可多得 | 在市场摸爬滚打的“老油条”，那些独家绝招妙招一般你问都是问不来的 |
| | **动销四维：全程辅导与新品上市**<br>高继中　著 | 从产品、渠道、促销和新品上市详细讲解提高动销的具体方法，总结作者 18 年的快消品行业经验，方法实操 | 内容全面系统，方法实操 |
| 农业 | **饲料营销有方法：策略　案例　工具**<br>陈石平　著 | 跳出饲料看饲料，根据饲料营销的关键成功要素（KSF）提出 7 大核心命题 | 紧跟农牧产业发展大势，提高饲料企业营销竞争力 |
| | **新农资如何换道超车**<br>刘祖轲　等著 | 从农业产业化、互联网转型、行业营销与经营突破四个方面阐述如何让农资企业占领先机、提前布局 | 南方略专家告诉你如何应对资源浪费、生产效率低下、产能严重过剩、价格与价值严重扭曲等 |
| | **中国牧场管理实战：畜牧业、乳业必读**<br>黄剑黎　著 | 本书不仅提供了来自一线的实际经验，还收入了丰富的工具文档与表单 | 填补空白的行业必读作品 |
| | **中小农业企业品牌战法**<br>韩　旭　著 | 将中小农业企业品牌建设的方法，从理论讲到实践，具有指导性 | 全面把握品牌规划，传播推广，落地执行的具体措施 |
| | **农资营销实战全指导**<br>张　博　著 | 农资如何向“深度营销”转型，从理论到实践进行系统剖析，经验资深 | 朴实、使用！不可多得的农资营销实战指导 |
| | **农产品营销第一书**<br>胡浪球　著 | 从农业企业战略到市场开拓、营销、品牌、模式等 | 来源于实践中的思考，有启发 |
| | **变局下的农牧企业 9 大成长策略**<br>彭志雄　著 | 食品安全、纵向延伸、横向联合、品牌建设…… | 唯一的农牧企业经营实操的书，农牧企业一定要看 |

续表

| | | | |
|---|---|---|---|
| 医药 | **在中国,医药营销这样做:时代方略精选文集**<br>段继东　主编 | 专注于医药营销咨询15年,将医药营销方法的精华文章合编,深入全面 | 可谓医药营销领域的顶尖著作,医药界读者的必读书 |
| | **医药新营销:制药企业、医药商业企业营销模式转型**<br>史立臣　著 | 医药生产企业和商业企业在新环境下如何做营销？老方法还有没有用？如何寻找新方法？新方法怎么用？本书给你答案 | 内容非常现实接地气,踏实谈问题说方法 |
| | **医药企业转型升级战略**<br>史立臣　著 | 药企转型升级有5大途径,并给出落地步骤及风险控制方法 | 实操性强,有作者个人经验总结及分析 |
| | **新医改下的医药营销与团队管理**<br>史立臣　著 | 探讨新医改对医药行业的系列影响和医药团队管理 | 帮助理清思路,有一个框架 |
| | **医药营销与处方药学术推广**<br>马宝琳　著 | 如何用医学策划把"平民产品"变成"明星产品" | 有真货、讲真话的作者,堪称处方药营销的经典! |
| | **医药行业大洗牌与药企创新**<br>林延君　沈　斌　著 | 一方面,围绕着变革,多角度阐述药企的应对之道;另一方面,紧扣实践,介绍近百家医药企业创新实践案例 | 医改变革10年,医药企业如何应对大洗牌？重磅出击的药企人必读书 |
| | **新医改了,药店就要这样开**<br>尚　锋　著 | 药店经营、管理、营销全攻略 | 有很强的实战性和可操作性 |
| | **电商来了,实体药店如何突围**<br>尚　锋　著 | 电商崛起,药店该如何突围？本书从促销、会员服务、专业性、客单价等多重角度给出了指导方向 | 实战攻略,拿来就能用 |
| | **OTC医药代表药店销售36计**<br>鄢圣安　著 | 以《三十六计》为线,写OTC医药代表向药店销售的一些技巧与策略 | 案例丰富,生动真实,实操性强 |
| | **OTC医药代表药店开发与维护**<br>鄢圣安　著 | 要做到一名专业的医药代表,需要做什么、准备什么、知识储备、操作技巧等 | 医药代表药店拜访的指导手册,手把手教你快速上手 |
| | **引爆药店成交率1:店员导购实战**<br>范月明　著 | 一本书解决药店导购所有难题 | 情景化、真实化、实战化 |
| | **引爆药店成交率2:经营落地实战**<br>范月明　著 | 最接地气的经营方法全指导 | 揭示了药店经营的几类关键问题 |
| | **引爆药店成交率:专业化销售解决方案**<br>范月明　著 | 药品搭配分析与关联销售 | 为药店人专业化助力 |
| | **处方药合规推广实战宝典**<br>赵佳震　著 | 推广体系搭建、推广人员岗位工作内容、推广服务外包商管理等六个方面 | 解决"医药代表转型"和"推广服务外包商管理"的困惑 |
| | **医药代理商实操全指导:新环境　新战法**<br>戴文杰　著 | 结合医药市场政策环境解读新环境下医药招商的战法,着重分析药品产业链的盈利机会 | 医药销售业务人员的必备读物 |
| | **攻略基层诊所:医药营销这样做**<br>张江民　著 | 对基层诊所的开发、维护和动销,拿来就用的方式方法 | 实战是本书的主旨,只要用心去看,就能在基层诊所市场中运用 |
| | **互联网医药的未来**<br>动脉网　编著 | 介绍了互联网医药发展的现状与趋势 | 帮助创业者和投资人看清未来,把握当下 |
| | **处方药零售这样做**<br>田　军　著 | 阐述了处方药零售的重要性,以及做处方药零售市场的具体措施和方法 | 系统性了解和掌握处方药零售方法 |
| 建材家居 | **成为最赚钱的家具建材经销商**<br>李治江　著 | 从销售模式、产品、门店等老板们最关注和最需要的方面解决问题、提供方法 | 只要你是建材、家具、家居用品的经销商老板,这就是一本必读的书 |
| | **定制家居黄金十年**<br>韩　锋　翁长华　著 | 梳理了定制家居的商业模式和发展情况 | 帮助定制家居看清方向,把握当下 |
| | **家具建材促销与引流**<br>薛　亮　李永峰　著 | 十大促销模式的详细方法和工具 | 让你天天签大单 |

续表

| | | | |
|---|---|---|---|
| 建材家居 | **家具行业操盘手**<br>王献永　著 | 家具行业问题的终结者 | 解决了干家具还有没有前途？为什么同城多店的家具经销商很难做大做强等问题 |
| | **建材家居营销：除了促销还能做什么**<br>孙嘉晖　著 | 一线老手的深度思考，告诉你在建材家居营销模式基本停滞的今天，除了促销，营销还能怎么做 | 给你的想法一场革命 |
| | **建材家居营销实务**<br>程绍珊　杨鸿贵　主编 | 价值营销运用到建材家居，每一步都让客户增值 | 有自己的系统、实战 |
| | **家居建材门店 6 力爆破**<br>贾同领　著 | 合盘道出一线品牌销量秘籍 | 6 力招招见血，既有招数，又有策略 |
| | **建材家居门店销量提升**<br>贾同领　著 | 店面选址、广告投放、推广助销、空间布局、生动展示、店面运营等 | 门店销量提升是一个系统工程，非常系统、实战 |
| | **10 步成为最棒的建材家居门店店长**<br>徐伟泽　著 | 实际方法易学易用，让员工能够迅速成长，成为独当一面的好店长 | 只要坚持这样干，一定能成为好店长 |
| | **手把手帮建材家居导购业绩倍增：成为顶尖的门店店员**<br>熊亚柱　著 | 生动的表现形式，让普通人也能成为优秀的导购员，让门店业绩长红 | 读着有趣，用着简单，一本在手、业绩无忧 |
| | **建材家居经销商实战 42 章经**<br>王庆云　著 | 告诉经销商：老板怎么当、团队怎么带、生意怎么做 | 忠言逆耳，看着不舒服就对了，实战总结，用一招半式就值了 |
| 工业品 | **销售是门专业活：B2B、工业品**<br>陆和平　著 | 销售流程就应该跟着客户的采购流程和关注点的变化向前推进，将一个完整的销售过程分成十个阶段，提供具体方法 | 销售不是请客吃饭拉关系，是个专业的活计！方法在手，走遍天下不愁 |
| | **解决方案营销实战案例**<br>刘祖轲　著 | 用 10 个真案例讲明白什么是工业品的解决方案式营销，实战、实用 | 有干货、真正操作过的才能写得出来 |
| | **变局下的工业品企业 7 大机遇**<br>叶敦明　著 | 产业链条的整合机会、盈利模式的复制机会、营销红利的机会、工业服务商转型机会…… | 工业品企业还可以这样做，思维大突破 |
| | **工业品市场部实战全指导**<br>杜　忠　著 | 工业品市场部经理工作内容全指导 | 系统、全面、有理论、有方法，帮助工业品市场部经理更快提升专业能力 |
| | **工业品营销管理实务**<br>李洪道　著 | 中国特色工业品营销体系的全面深化、工业品营销管理体系优化升级 | 工具更实战，案例更鲜活，内容更深化 |
| | **工业品企业如何做品牌**<br>张东利　著 | 为工业品企业提供最全面的品牌建设思路 | 有策略、有方法、有思路、有工具 |
| | **丁兴良讲工业 4.0**<br>丁兴良　著 | 没有枯燥的理论和说教，用朴实直白的语言告诉你工业 4.0 的全貌 | 工业 4.0 是什么？本书告诉你答案 |
| | **资深大客户经理：策略准，执行狠**<br>叶敦明　著 | 从业务开发、发起攻势、关系培育、职业成长四个方面，详述了大客户营销的精髓 | 满满的全是干货 |
| | **两化融合管理系统贯标流程与方法**<br>戴　勇　张华杰　张百荣　编著 | 全面梳理贯标流程和方法 | 帮助企业成功贯标 |
| | **一切为了订单：订单驱动下的工业品营销实战**<br>唐道明　著 | 其实，所有的企业都在围绕着两个字在开展全部的经营和管理工作，那就是"订单" | 开发订单、满足订单、扩大订单。本书全是实操方法，字字珠玑、句句干货，教你获得营销的胜利 |
| 金融 | **交易心理分析**<br>(美)马克·道格拉斯　著<br>刘真如　译 | 作者一语道破赢家的思考方式，并提供了具体的训练方法 | 不愧是投资心理的第一书，绝对经典 |
| | **精品银行管理之道**<br>崔海鹏　何　屹　主编 | 中小银行转型的实战经验总结 | 中小银行的教材很多，实战类的书很少，可以看看 |

续表

| | | | |
|---|---|---|---|
| 金融 | **支付战争**<br>Eric M. Jackson　著<br>徐　彬　王　晓　译 | PayPal 创业期营销官，亲身讲述 PayPal 从诞生到壮大到成功出售的整个历史 | 激烈、有趣的内幕商战故事！了解美国支付市场的风云巨变 |
| | **中外并购名著专业阅读指南**<br>叶兴平　等著 | 在 5000 多本并购类图书中精选的 200 著作，在阅读的基础上写的读书评价 | 精挑细选 200 本并一一评介，省去读者挑选的烦恼，快捷、高效 |
| | **新三板信息披露全流程：操作与工具**<br>和珩科技　著 | 详细拆解董秘日常工作过程中所需的信息披露流程 | 董秘案头必备用书 |
| | **成功并购 300 本：一本书搞定并购难题**<br>浩德军师并购联盟　著 | 从财务，税务，法律等角度详细解答疑问 | 能解决 80% 的并购问题 |
| | **互联网时代的银行转型**<br>韩友诚　著 | 以大量案例形式为读者全面展示和分析了银行的互联网金融转型应对之道 | 结合本土银行转型发展案例的书籍 |
| 房地产 | **产业园区/产业地产规划、招商、运营实战**<br>阎立忠　著 | 目前中国第一本系统解读产业园区和产业地产建设运营的实战宝典 | 从认知、策划、招商到运营全面了解地产策划 |
| | **人文商业地产策划**<br>戴欣明　著 | 城市与商业地产战略定位的关键是不可复制性，要发现独一无二的"味道" | 突破千城一面的策划困局 |
| | **中国城市群房地产投资策略**<br>吕俊博　著 | 全方位、多角度分析城市群房地产现状是趋势 | 让亿元资产投资更理性、更安全 |
| | **电影院的下一个黄金十年：开发·差异化·案例**<br>李保煜　著 | 对目前电影院市场存大的问题及如何解决进行了探讨与解读 | 多角度了解电影院运营方式及代表性案例 |
| 能源 | **全能型班组：城市能源互联网与电力班组升级**<br>国网天津市电力公司　编著 | 借鉴国内外优秀企业的转型升级思路，通过对于新型班组组织模式和运行机制的大胆设想，力图构建充分适应内外环境变化的全能型班组 | 看看庞大的国企在新环境下是如何顺应时代的 |
| | **国网天津电力全能型班组建设实务**<br>国网天津市电力公司　编著 | 本书聚焦于天津电力公司在探索全能型班组转型升级时的优秀实践 | 电力行业的班组实践，具体、可操作性强 |

## 经营类：企业如何赚钱，如何抓机会，如何突破，如何"开源"

| | 书名．作者 | 内容/特色 | 读者价值 |
|---|---|---|---|
| 抓方向 | **让经营回归简单．升级版**<br>宋新宇　著 | 化繁为简抓住经营本质：战略、客户、产品、员工、成长 | 经典，做企业就这几个关键点！ |
| | **混沌与秩序Ⅰ：变革时代企业领先之道**<br>**混沌与秩序Ⅱ：变革时代管理新思维**<br>彭剑锋　尚艳玲　主编 | 汇集华夏基石专家团队 10 年来研究成果，集中选择了其中的精华文章编纂成册 | 作者都是既有深厚理论积淀又有实践经验的重磅专家，为中国企业和企业家的未来提出了高屋建瓴的观点 |
| | **活系统：跟任正非学当老板**<br>孙行健　尹　贤　著 | 以任正非的独到视角，教企业老板如何经营公司 | 看透公司经营本质，激活企业活力 |
| | **重构：快消品企业重生之道**<br>杨永华　著 | 从 7 个角度，帮助企业实现系统性的改造 | 提供转型思想与方法，值得参考 |
| | **公司由小到大要过哪些坎**<br>卢　强　著 | 老板手里的一张"企业成长路线图" | 现在我在哪儿，未来还要走哪些路，都清楚了 |
| | **企业二次创业成功路线图**<br>夏惊鸣　著 | 企业曾经抓住机会成功了，但下一步该怎么办？ | 企业怎样获得第二次成功，心里有个大框架了 |
| | **老板经理人双赢之道**<br>陈　明　著 | 经理人怎养选平台、怎么开局，老板怎样选/育/用/留 | 老板生闷气，经理人牢骚大，这次知道该怎么办了 |

续表

| | | | |
|---|---|---|---|
| 抓方向 | 简单思考:AMT 咨询创始人自述<br>孔祥云　著 | 著名咨询公司(AMT)的CEO创业历程中点点滴滴的经验与思考 | 每一位咨询人,每一位创业者和管理经营者,都值得一读 |
| | 企业文化的逻辑<br>王祥伍　黄健江　著 | 为什么企业绩效如此不同,解开绩效背后的文化密码 | 少有的深刻,有品质,读起来很流畅 |
| | 使命驱动企业成长<br>高可为　著 | 钱能让一个人今天努力,使命能让一群人长期努力 | 对于想做事业的人,'使命'是绕不过去的 |
| 思维突破 | 盈利原本就这么简单<br>高可为　著 | 从财务的角度揭示企业盈利的秘密 | 多方面解读商业模式与盈利的关系,通俗易懂,受益匪浅 |
| | 经营:打造你的盈利系统<br>高可为　著 | 从盈利角度梳理了系统化的经营方式 | 让企业掌舵者把控经营全局 |
| | 创模式:23 个行业创新案例<br>段传敏　著 | 23 位行业精英的创新对话 | 创业者、转型者的实战参考 |
| | 企业良性成长:用顶层设计突破瓶颈<br>刘建兆　著 | 全方位介绍企业顶层设计的方法和思路 | 帮助企业用顶层设计突破成长瓶颈 |
| | 移动互联新玩法:未来商业的格局和趋势<br>史贤龙　著 | 传统商业、电商、移动互联,三个世界并存,这种新格局的玩法一定要懂 | 看清热点的本质,把握行业先机,一本书搞定移动互联网 |
| | 画出公司的互联网进化路线图:用互联网思维重塑产品、客户和价值<br>李　蓓　著 | 18 个问题帮助企业一步步梳理出互联网转型思路 | 思路清晰、案例丰富,非常有启发性 |
| | 重生战略:移动互联网和大数据时代的转型法则<br>沈　拓　著 | 在移动互联网和大数据时代,传统企业转型如同生命体打算与再造,称之为"重生战略" | 帮助企业认清移动互联网环境下的变化和应对之道 |
| | 创造增量市场:传统企业互联网转型之道<br>刘红明　著 | 传统企业需要用互联网思维去创造增量,而不是用电子商务去转移传统业务的存量 | 教你怎么在"互联网+"的海洋中创造实实在在的增量 |
| | 7 个转变,让公司 3 年胜出<br>李　蓓　著 | 消费者主权时代,企业该怎么办 | 这就是互联网思维,老板有能这样想,肯定倒不了 |
| | 跳出同质思维,从跟随到领先<br>郭　剑　著 | 66 个精彩案例剖析,帮助老板突破行业长期思维惯性 | 做企业竟然有这么多玩法,开眼界 |
| | 互联网+"变"与"不变":本土管理实践与创新论坛集萃·2016<br>本土管理实践与创新论坛　著 | 加速本土管理思想的孕育诞生,促进本土管理创新成果更好地服务企业、贡献社会 | 各个作者本年度最新思想,帮助读者拓宽眼界、突破思维 |
| | 消费升级:实践　研究(文集)<br>本土管理实践与创新论坛　著 | 38 位管理专家及 7 位学者的精华思想,从经营、管理、行业及思想研究四个方面阐述中国企业在消费升级下的实践与研究 | 思想启发,行业借鉴 |
| 财务 | 写给企业家的公司与家庭财务规划——从创业成功到富足退休<br>周荣辉　著 | 本书以企业的发展周期为主线,写各阶段企业与企业主家庭的财务规划 | 为读者处理人生各阶段企业与家庭的财务问题提供建议及方法,让家庭成员真正享受财富带来的益处 |
| | 互联网时代的成本观<br>程　翔　著 | 本书结合互联网时代提出了成本的多维观,揭示了多维组合成本的互联网精神和大数据特征,论述了其产生背景、实现思路和应用价值 | 在传统成本观下为盈利的业务,在新环境下也许就成为亏损业务。帮助管理者从新的角度来看待成本,进一步做好精益管理 |

续表

| | | | |
|---|---|---|---|
| 财务 | 财报背后的投资机会<br>蒋　豹　著 | 以具体的公司案例分析，教你迅速看出财务报表与企业经营的关系、所反映的企业经营现状，从而找到投资机会 | 前四大会计所员工为读者解密财报，发现投资机会 |
| **管理类：效率如何提升，如何实现经营目标，如何“节流”** | | | |
| 书名．作者 | | 内容/特色 | 读者价值 |
| 通用管理 | 让管理回归简单·升级版<br>宋新宇　著 | 从目标、组织、决策、授权、人才和老板自己层面教你怎样做管理 | 帮助管理抓住管理的要害，让管理变得简单 |
| | 让经营回归简单·升级版<br>宋新宇　著 | 从战略、客户、产品、员工、成长、经营者自身等七个方面，归纳总结出简单有效的经营法则 | 总结出的真正优秀企业的成功之道：简单 |
| | 让用人回归简单<br>宋新宇　著 | 从用人的原则、用人的难题与误区、用人的方法和用人者的修炼四大方面，总结出适合中小企业做好人才管理工作的法则 | 帮助管理者抓住用人的要害，让用人变得简单 |
| | 历史深处的管理智慧1：组织建设与用人之道<br>刘文瑞　著 | 对历史之典故、政事、人事、政制进行管理解析，鉴照企业人才的选用育留 | 推动理论与实践的对接，实现理性与情感的渗透，用中国话语说明管理智慧 |
| | 历史深处的管理智慧2：战略决策与经营运作<br>刘文瑞　著 | 对历史之典故、政事、人事、政制进行管理解析，鉴照企业战略设计与经营实践 | 推动理论与实践的对接，实现理性与情感的渗透，用中国话语说明管理智慧 |
| | 历史深处的管理智慧3：领导修炼与文化素养<br>刘文瑞　著 | 对历史之典故、政事、人事、政制进行管理解析，鉴照企业领导职业能力提升与文化修养 | 推动理论与实践的对接，实现理性与情感的渗透，用中国话语说明管理智慧 |
| | 管理的尺度<br>刘文瑞　著 | 对管理中的种种普遍性问题进行了批评 | 提高把握管理尺度的能力 |
| | 管理学在中国<br>刘文瑞　著 | 系统性介绍了管理学在中国的发展和演变 | 了解管理学在中国的发展脉络，更清晰理解管理学的本质 |
| | 看电影，懂管理<br>刘文瑞　著 | 16部经典电影，带你感悟管理智慧 | 能够帮助读者放松身心，驰骋想象，在不知不觉中增长智慧 |
| | 管理：以规则驾驭人性<br>王春强　著 | 详细解读企业规则的制定方法 | 从人与人博弈角度提升管理的有效性 |
| | 打造集成供应链：走出挂一漏十的改善困境<br>王春强　著 | 详解集成供应链全过程 | 帮助企业优化供应链管理 |
| | 用好骨干员工：关键人才培养与激励<br>王　敏　著 | 系统化分享关键人才打造与激励方法 | 企业能实在用人的最大化价值 |
| | 改变世界的管理学大师1：管理学的前世今生<br>刘文瑞　编著 | 介绍了古典管理学时期的大师事迹和思想 | 深入了解管理大师们的思想和智慧 |
| | 成为企业欢迎的咨询师<br>张国祥　著 | 从调研到落地，手把手教你咨询流程 | 不走弯路，方便直接的学到老咨询师的套路 |
| | 员工心理学超级漫画版<br>邢　雷　著 | 以漫画的形式深度剖析员工心理 | 帮助管理者更了解员工，从而更轻松地管理员工 |
| | 老板有想法，高层有干法：企业中的将帅之道<br>王清华　著 | 深入剖析老板与高管的异同 | 各司其职，各行其是，相辅相成 |
| | 分股合心：股权激励这样做<br>段磊　周剑　著 | 通过丰富的案例，详细介绍了股权激励的知识和实行方法 | 内容丰富全面、易读易懂，了解股权激励，有这一本就够了 |
| | 边干边学做老板<br>黄中强　著 | 创业20多年的老板，有经验、能写、又愿意分享，这样的书很少 | 处处共鸣，帮助中小企业老板少走弯路 |

续表

| | | | |
|---|---|---|---|
| 通用管理 | **成为敏感而体贴的公司**<br>王　涛　著 | 本书为作者对企业的观察和冥想的随笔记录。从生活中的一个现象入手，进而探索现象背后的本质 | 从全新角度认识公司 |
| | **中国企业的觉醒：正直　善良　成长**<br>王　涛　著 | 围绕着企业人如何发生转化展开，对中国人、中国文化及由此导致的企业现状的观察和思考 | 企业除了要利润，还需要道德 |
| | **有意识的思考：轻松化解问题的 7 个思考习惯**<br>王　涛　著 | 本书是对思想、思考过程、思考方式进行的细致观察 | 养成好的思考习惯，更深刻地看问题 |
| | **中国式阿米巴落地实践之从交付到交易**<br>胡八一　著 | 本书主要讲述阿米巴经营会计，“从交付到交易”，这是成功实施了阿米巴的标志 | 阿米巴经营会计的工作是有逻辑关联的，一本书就能搞定 |
| | **中国式阿米巴落地实践之激活组织**<br>胡八一　著 | 重点讲解如何科学划分阿米巴单元，阐述划分的实操要领、思路、方法、技术与工具 | 最大限度减少“推行风险”和“摸索成本”，利于公司成功搭建适合自身的个性化阿米巴经营体系 |
| | **中国式阿米巴落地实践之持续盈利**<br>胡八一　著 | 把企业做成平台，企业才能做大（格局）；把平台做成阿米巴，企业才能做强（专业）；把阿米巴做成合伙制，企业才能做久（机制） | 中国式阿米巴落地实践三部曲的最后一部，告诉你企业如何做大做强做久 |
| | **集团化企业阿米巴实战案例**<br>初勇钢　著 | 一家集团化企业阿米巴实施案例 | 指导集团化企业系统实施阿米巴 |
| | **阿米巴经营的中国模式**<br>李志华　著 | 让员工从“要我干”到“我要干”，价值量化出来 | 阿米巴在企业如何落地，明白思路了 |
| | **欧博心法：好管理靠修行**<br>曾　伟　著 | 用佛家的智慧，深刻剖析管理问题，见解独到 | 如果真的有‘中国式管理’，曾老师是其中标志性人物 |
| | **领导这样点燃你的下属**<br>孟广桥　著 | 领导者如何才能让员工积极主动地工作？如何让你的员工和下属保持工作的热情，自动自发？看了这本书就知道 | 只要你希望手下的"兵将"永远充满工作的斗志，这本书将使你获益良多 |
| 流程管理 | **1. 用流程解放管理者**<br>**2. 用流程解放管理者 2**<br>张国祥　著 | 中小企业阅读的流程管理、企业规范化的书 | 通俗易懂，理论和实践的结合恰到好处 |
| | **跟我们学建流程体系**<br>陈立云　著 | 畅销书《跟我们学做流程管理》系列，更实操，更细致，更深入 | 更多地分享实践，分享感悟，从实践总结出来的方法论 |
| | **人人都要懂流程**<br>金国华　余雅丽　著 | 当前各企业流程管理方面最为典型的痛点现象及问题案例 | 通俗易懂，适合企业全员阅读 |
| 质量管理 | **IATF16949 质量管理体系详解与案例文件汇编：TS16949 转版 IATF16949：2016**<br>谭洪华　著 | 针对 IATF 的新标准做了详细的解说，同时指出了一些推行中容易犯的错误，提供了大量的表单、案例 | 案例、表单丰富，拿来就用 |
| | **五大质量工具详解及运用案例：APQP/FMEA/PPAP/MSA/SPC**<br>谭洪华　著 | 对制造业必备的五大质量工具中每个文件的制作要求、注意事项、制作流程、成功案例等进行了解读 | 通俗易懂、简便易行，能真正实现学以致用 |
| | **ISO9001：2015 新版质量管理体系详解与案例文件汇编**<br>谭洪华　著 | 紧密围绕 2015 年新版质量管理体系文件逐条详细解读，并提供可以直接套用的案例工具，易学易上手 | 企业质量管理认证、内审必备 |
| | **ISO14001：2015 新版环境管理体系详解与案例文件汇编**<br>谭洪华　著 | 紧密围绕 2015 年新版环境管理体系文件逐条详细解读，并提供可以直接套用的案例工具，易学易上手 | 企业环境管理认证、内审必备 |

续表

| | | | |
|---|---|---|---|
| 质量管理 | **ISO9001:2015完整文件汇编：制造业**<br>贺红喜　著 | 按照ISO9001标准并超出标准的要求，提供了一套完整的制造业的质量管理体系文件 | 原汁原味完整收入，直接可以拿来就用 |
| 质量管理 | **SA8000:2014社会责任管理体系认证实战**<br>吕　林　著 | 作者根据自己的操作经验，按认证的流程，以相关案例进行说明SA8000认证体系 | 简单，实操性强，拿来就能用 |
| 质量管理 | **精益质量管理实战工具**<br>贺小林　著 | 制造类企业日常工作中所需要的精益管理工具的归纳整理，并进行案例操作的细致分析 | 可以直接参考，实际解决生产中的具体问题 |
| 战略落地 | **重生——中国企业的战略转型**<br>施　炜　著 | 从前瞻和适用的角度，对中国企业战略转型的方向、路径及策略性举措提出了一些概要性的建议和意见 | 对企业有战略指导意义 |
| 战略落地 | **公司大了怎么管：从靠英雄到靠组织**<br>AMT金国华　著 | 第一次详尽阐释中国快速成长型企业的特点、问题及解决之道 | 帮助快速成长型企业领导及管理团队理清思路，突破瓶颈 |
| 战略落地 | **低效会议怎么改：每年节省一半会议成本的秘密**<br>AMT王玉荣　著 | 教你如何系统规划公司的各级会议，一本工具书 | 教会你科学管理会议的办法 |
| 战略落地 | **年初订计划，年尾有结果：战略落地七步成诗**<br>AMT郭晓　著 | 7个步骤教会你怎么让公司制定的战略转变为行动 | 系统规划，有效指导计划实现 |
| 人力资源 | **HRBP是这样炼成的之"菜鸟起飞"**<br>新　海　著 | 以小说的形式，具体解析HRBP的职责，应该如何操作，如何为业务服务 | 实践者的经验分享，内容实务具体，形式有趣 |
| 人力资源 | **HRBP是这样炼成的之中级修炼**<br>新　海　著 | 本书以案例故事的方式，介绍了HRBP在实际工作中碰到的问题和挑战 | 书中的HR解决方案讲究因时因地制宜、简单有效的原则，重在启发读者思路，可供各类企业HRBP借鉴 |
| 人力资源 | **HRBP是这样炼成的之高级修炼**<br>新　海　著 | 以故事的形式，展现了HRBP工作者在职业发展路上的层层深入和递进 | 为读者提供HRBP在实际工作中遇到种种问题的解决方案 |
| 人力资源 | **新任HR高管如何从0到1**<br>黄渊明　著 | 全景式展现新任高管华丽转身全过程 | 助力新任高管安全着陆 |
| 人力资源 | **HR的劳动法内参**<br>李皓楠　著 | 100个劳动法案例和分析 | 轻松掌握劳动法知识，方便运用 |
| 人力资源 | **把面试做到极致：首席面试官的人才甄选法**<br>孟广桥　著 | 作者用自己几十年的人力资源经验总结出的一套实用的确定岗位招聘标准、提升面试官技能素质的简便方法 | 面试官必备，没有空泛理论，只有巧妙的实操技能 |
| 人力资源 | **人力资源体系与e－HR信息化建设**<br>刘书生　陈　莹　王美佳　著 | 将作者经历的人力资源管理变革、人力资源管理信息化咨询项目方法论、工具和成果全面展现给读者，使大家能够将其快速应用到管理实践中 | 系统性非常强，没有废话，全部是浓缩的干货 |
| 人力资源 | **回归本源看绩效**<br>孙　波　著 | 让绩效回顾"改进工具"的本源，真正为企业所用 | 确实是来源于实践的思考，有共鸣 |
| 人力资源 | **世界500强资深培训经理人教你做培训管理**<br>陈　锐　著 | 从7大角度具体细致地讲解了培训管理的核心内容 | 专业、实用、接地气 |

续表

| | | | |
|---|---|---|---|
| 人力资源 | **曹子祥教你做激励性薪酬设计**<br>曹子祥　著 | 以激励性为指导，系统性地介绍了薪酬体系及关键岗位的薪酬设计模式 | 深入浅出，一本书学会薪酬设计 |
| 人力资源 | **曹子祥教你做绩效管理**<br>曹子祥　著 | 复杂的理论通俗化，专业的知识简单化，企业绩效管理共性问题的解决方案 | 轻松掌握绩效管理 |
| 人力资源 | **把招聘做到极致**<br>远　鸣　著 | 作为世界 500 强高级招聘经理，作者数十年招聘经验的总结分享 | 带来职场思考境界的提升和具体招聘方法的学习 |
| 人力资源 | **人才评价中心．超级漫画版**<br>邢　雷　著 | 专业的主题，漫画的形式，只此一本 | 没想到一本专业的书，能写成这效果 |
| 人力资源 | **走出薪酬管理误区**<br>全怀周　著 | 剖析薪酬管理的 8 大误区，真正发挥好枢纽作用 | 值得企业深读的实用教案 |
| 人力资源 | **集团化人力资源管理实践**<br>李小勇　著 | 对搭建集团化的企业很有帮助，务实，实用 | 最大的亮点不是理论，而是结合实际的深入剖析 |
| 人力资源 | **我的人力资源咨询笔记**<br>张　伟　著 | 管理咨询师的视角，思考企业的 HR 管理 | 通过咨询师的眼睛对比很多企业，有启发 |
| 人力资源 | **本土化人力资源管理 8 大思维**<br>周　剑　著 | 成熟 HR 理论，在本土中小企业实践中的探索和思考 | 对企业的现实困境有真切体会，有启发 |
| 企业文化 | **36 个拿来就用的企业文化建设工具**<br>海融心胜　主编 | 数十个工具，为了方便拿来就用，每一个工具都严格按照工具属性、操作方法、案例解读划分，实用、好用 | 企业文化工作者的案头必备书，方法都在里面，简单易操作 |
| 企业文化 | **企业文化建设超级漫画版**<br>邢　雷　著 | 以漫画的形式系统教你企业文化建设方法 | 轻松易懂好操作 |
| 企业文化 | **华夏基石方法：企业文化落地本土实践**<br>王祥伍　谭俊峰　著 | 十年积累、原创方法、一线资料，和盘托出 | 在文化落地方面真正有洞察，有实操价值的书 |
| 企业文化 | **企业文化的逻辑**<br>王祥伍　著 | 为什么企业之间如此不同，解开绩效背后的文化密码 | 少有的深刻，有品质，读起来很流畅 |
| 企业文化 | **企业文化激活沟通**<br>宋杼宸　安　琪　著 | 透过新任 HR 总经理的眼睛，揭示出沟通与企业文化的关系 | 有实际指导作用的文化落地读本 |
| 企业文化 | **在组织中绽放自我：从专业化到职业化**<br>朱仁健　王祥伍　著 | 个人如何融入组织，组织如何助力个人成长 | 帮助企业员工快速认同并投入到组织中去，为企业发展贡献力量 |
| 企业文化 | **企业文化定位·落地一本通**<br>王明胤　著 | 把高深枯燥的专业理论创建成一套系统化、实操化、简单化的企业文化缔造方法 | 对企业文化不了解，不会做？有这一本从概念到实操，就够了 |
| 生产管理 | **精益思维：中国精益如何落地**<br>刘承元　著 | 笔者二十余年企业经营和咨询管理的经验总结 | 中国企业需要灵活运用精益思维，推动经营要素与管理机制的有机结合，推动企业管理向前发展 |
| 生产管理 | **300 张现场图看懂精益 5S 管理**<br>乐　涛　编著 | 5S 现场实操详解 | 案例图解，易懂易学 |
| 生产管理 | **高员工流失率下的精益生产**<br>余伟辉　著 | 中国的精益生产必须面对和解决高员工流失率问题 | 确实来源于本土的工厂车间，很务实 |
| 生产管理 | **车间人员管理那些事儿**<br>岑立聪　著 | 车间人员管理中处理各种“疑难杂症”的经验和方法 | 基层车间管理者最闹心、头疼的事，‘打包’解决 |

续表

| | | | |
|---|---|---|---|
| 生产管理 | **1. 欧博心法:好管理靠修行**<br>**2. 欧博心法:好工厂这样管**<br>曾 伟 著 | 他是本土最大的制造业管理咨询机构创始人,他从400多个项目、上万家企业实践中锤炼出的欧博心法 | 中小制造型企业,一定会有很强的共鸣 |
| | **欧博工厂案例1:生产计划管控对话录**<br>**欧博工厂案例2:品质技术改善对话录**<br>**欧博工厂案例3:员工执行力提升对话录**<br>曾 伟 著 | 最典型的问题、最详尽的解析,工厂管理9大问题27个经典案例 | 没想到说得这么细,超出想象,案例很典型,照搬都可以了 |
| | **工厂管理实战工具**<br>欧博企管 编著 | 以传统文化为核心的管理工具 | 适合中国工厂 |
| | **苦中得乐:管理者的第一堂必修课**<br>曾 伟 编著 | 曾伟与师傅大愿法师的对话,佛学与管理实践的碰撞,管理禅的修行之道 | 用佛学最高智慧看透管理 |
| | **比日本工厂更高效1:管理提升无极限**<br>刘承元 著 | 指出制造型企业管理的六大积弊;颠覆流行的错误认知;掌握精益管理的精髓 | 每一个企业都有自己不同的问题,管理没有一剑封喉的秘笈,要从现场、现物、现实出发 |
| | **比日本工厂更高效2:超强经营力**<br>刘承元 著 | 企业要获得持续盈利,就要开源和节流,即实现销售最大化,费用最小化 | 掌握提升工厂效率的全新方法 |
| | **比日本工厂更高效3:精益改善力的成功实践**<br>刘承元 著 | 工厂全面改善系统有其独特的目的取向特征,着眼于企业经营体质(持续竞争力)的建设与提升 | 用持续改善力来飞速提升工厂的效率,高效率能够带来意想不到的高效益 |
| | **3A顾问精益实践1:IE与效率提升**<br>党新民 苏迎斌 蓝旭日 著 | 系统的阐述了IE技术的来龙去脉以及操作方法 | 使员工与企业持续获利 |
| | **3A顾问精益实践2:JIT与精益改善**<br>肖志军 党新民 著 | 只在需要的时候,按需要的量,生产所需的产品 | 提升工厂效率 |
| | **化工企业工艺安全管理实操**<br>黄 娜 编著 | 化工企业工艺安全管理全指导 | 帮助企业树立安全意识,强化安全管理方法 |
| | **手把手教你做专业的生产经理**<br>黄 娜 著 | 物流、信息流、资金流,让生产经理管理有抓手 | 从菜鸟到能把控全局 |
| 员工素质提升 | **TTT培训师精进三部曲(上):深度改善现场培训效果**<br>廖信琳 著 | 现场把控不用慌,这里有妙招一用就灵 | 课程现场无论遇到什么样的情况都能游刃有余 |
| | **TTT培训师精进三部曲(中):构建最有价值的课程内容**<br>廖信琳 著 | 这样做课程内容,学员有收获培训师也有收获 | 优质的课程内容是树立个人品牌的保证 |
| | **TTT培训师精进三部曲(下):职业功力沉淀与修为提升**<br>廖信琳 著 | 从内而外提升自己,职业的道路一帆风顺 | 走上职业TTT内训师的康庄大道 |
| | **培训师,如何让你的事业长青:自我管理的10项法则**<br>廖信琳 著 | 建立了一套完整的培训师自我管理体系,为培训师的职业成长与发展提供有益的指引 | 培训师如何在自己的职业道路上越走越高,事业长青,一直有所收获与成长?本书将给你答案 |
| | **管理咨询师的第一本书:百万年薪 千万身价**<br>熊亚柱 著 | 从问题出发,发现问题、分析问题、解决问题,让两眼一抹黑的新人快速成长 | 管理咨询师初入职场,让这本书开启百万年薪之路 |

续表

| | | | |
|---|---|---|---|
| 员工素质提升 | **手把手教你做专业督导：专卖店、连锁店**<br>熊亚柱　著 | 从督导的职能、作用，在工作中需要的专业技能、方法，都提供了详细的解读和训练办法，同时附有大量的表单工具 | 无论是店铺需要统一培训，还是个人想成为优秀的督导，有这一本就够了 |
| | **跟老板"偷师"学创业**<br>吴江萍　余晓雷　著 | 边学边干，边观察边成长，你也可以当老板 | 不同于其他类型的创业书，让你在工作中积累创业经验，一举成功 |
| | **销售轨迹：一位快消品营销总监的拼搏之路**<br>秦国伟　著 | 本书讲述了一个普通销售员打拼成为跨国企业营销总监的真实奋斗历程 | 激励人心，给广大销售员以力量和鼓舞 |
| | **在组织中绽放自我：从专业化到职业化**<br>朱仁健　王祥伍　著 | 个人如何融入组织，组织如何助力个人成长 | 帮助企业员工快速认同并投入到组织中去，为企业发展贡献力量 |
| | **企业员工弟子规：用心做小事，成就大事业**<br>贾同领　著 | 从传统文化《弟子规》中学习企业中为人处事的办法，从自身做起 | 点滴小事，修养自身，从自身的改善得到事业的提升 |
| | **手把手教你做顶尖企业内训师：TTT培训师宝典**<br>熊亚柱　著 | 从课程研发到现场把控、个人提升都有涉及，易读易懂，内容丰富全面 | 想要做企业内训师的员工有福了，本书教你如何抓住关键，从入门到精通 |
| | **28天速成文案高手**<br>秦　士　安　丽　著 | 解构优秀品牌和出彩文案背后的逻辑，28天循序渐进成为文案高手 | 让优质文案变成"智慧工厂"般的工序管理与稳定出品 |
| | **让投诉顾客满意离开：客户投诉应对与管理**<br>孟广桥　著 | 立足于投诉处理的实践，剖析了不同投诉者投诉的特点和应对措施，并提供各种技巧方法、赢得客户信赖所需培养的品质修炼、处理投诉应掌握的法律法规等工具 | 是投诉处理人员适应岗位职能需要、提升工作技能的良师益友，是企业变诉为金、培养业务骨干的法宝 |

## 营销类：把客户需求融入企业各环节，提供"客户认为"有价值的东西

| | 书名．作者 | 内容/特色 | 读者价值 |
|---|---|---|---|
| 营销模式 | **精品营销战略**<br>杜建君　著 | 以精品理念为核心的精益战略和营销策略 | 用精品思维赢得高端市场 |
| | **变局下的营销模式升级**<br>程绍珊　叶　宁　著 | 客户驱动模式、技术驱动模式、资源驱动模式 | 很多行业的营销模式被颠覆，调整的思路有了！ |
| | **动销操盘：节奏掌控与社群时代新战法**<br>朱志明　著 | 在社群时代把握好产品生产销售的节奏，解析动销的症结，寻找动销的规律与方法 | 都是易读易懂的干货！对动销方法的全面解析和操盘 |
| | **弱势品牌如何做营销**<br>李政权　著 | 中小企业虽有品牌但没名气，营销照样能做的有声有色 | 没有丰富的实操经验，写不出这么具体、详实的案例和步骤，很有启发 |
| | **老板如何管营销**<br>史贤龙　著 | 高段位营销16招，好学好用 | 老板能看，营销人也能看 |
| | **洞察人性的营销战术：沈坤教你28式**<br>沈　坤　著 | 28个匪夷所思的营销怪招令人拍案叫绝，涉及商业竞争的方方面面，大部分战术可以直接应用到企业营销中 | 各种谋略得益于作者的横向思维方式，将其操作过的案例结合其中，提供的战术对读者有参考价值 |
| | **动销：产品是如何畅销起来的**<br>吴江萍　余晓雷　著 | 真真切切告诉你，产品究竟怎么才能卖出去 | 击中痛点，提供方法，你值得拥有 |
| | **1000铁杆女粉丝**<br>张兵武　著 | 连接是女性与生俱来的特质。能善用连接的营销人员，就像拿到打开女性荷包的钥匙 | 重新认识女性的传播力量 |
| | **360°谈营销：一位营销咨询师20年实战洞察**<br>王清华　古怀亮　著 | 各个角度，全方位，多视点剥营销 | 思路单一，此书帮你破 |

续表

| | | | |
|---|---|---|---|
| 营销模式 | **营销按钮:扣动一触即发的力量**<br>老　苗　著 | 提供各种奇形怪状的营销武器 | 一定会带给你不一样的思维震撼 |
| | **孙子兵法营销战**<br>刘文新　著 | 逐句解读孙子兵法,以及在营销方面的感悟 | 帮助营销人用智慧打营销仗 |
| 销售 | **资深大客户经理:策略准,执行狠**<br>叶敦明　著 | 从业务开发、发起攻势、关系培育、职业成长四个方面,详述了大客户营销的精髓 | 满满的全是干货 |
| | **大客户销售这样说这样做**<br>陆和平　著 | 大客户销售十大模块68个典型销售场景应对策略和话术,直接拿来就用 | 从"为什么要这么干"到"干什么、怎么干" |
| | **成为资深的销售经理:B2B、工业品**<br>陆和平　著 | 围绕"销售管理的六个关键控制点"一一展开,提供销售管理的专业、高效方法 | 方法和技术接地气,拿来就用,从销售员成长为经理不再犯难 |
| | **销售是门专业活:B2B、工业品**<br>陆和平　著 | 销售流程就应该跟着客户的采购流程和关注点的变化向前推进,将一个完整的销售过程分成十个阶段,提供具体方法 | 销售不是请客吃饭拉关系,是个专业的活计!方法在手,走遍天下不愁 |
| | **向高层销售:与决策者有效打交道**<br>贺兵一　著 | 一套完整有效的销售策略 | 有工具,有方法,有案例,通俗易懂 |
| | **学话术　卖产品**<br>张小虎　著 | 分析常见的顾客异议,将优秀的话术模块化 | 让普通导购员也能成为销售精英 |
| 组织和团队 | **升级你的营销组织**<br>程绍珊　吴越舟　著 | 用"有机性"的营销组织替代"营销能人",营销团队变成"铁营盘" | 营销队伍最难管,程老师不愧是营销第1操盘手,步骤方法都很成熟 |
| | **用数字解放营销人**<br>黄润霖　著 | 通过量化帮助营销人员提高工作效率 | 作者很用心,很好的常备工具书 |
| | **成为优秀的快消品区域经理(升级版)**<br>伯建新　著 | 用"怎么办"分析区域经理的工作关键点,增加30%全新内容,更贴近环境变化 | 可以作为区域经理的"速成催化器" |
| | **成为资深的销售经理:B2B、工业品**<br>陆和平　著 | 围绕"销售管理的六个关键控制点"一一展开,提供销售管理的专业、高效方法 | 方法和技术接地气,拿来就用,从销售员成长为经理不再犯难 |
| | **一位销售经理的工作心得**<br>蒋　军　著 | 一线营销管理人员想提升业绩却无从下手时,可以看看这本书 | 一线的真实感悟 |
| | **快消品营销:一位销售经理的工作心得2**<br>蒋　军　著 | 快消品、食品饮料营销的经验之谈,重点突出 | 来源于实战的精华总结 |
| | **销售轨迹:一位快消品营销总监的拼搏之路**<br>秦国伟　著 | 本书讲述了一个普通销售员打拼成为跨国企业营销总监的真实奋斗历程 | 激励人心,给广大销售员以力量和鼓舞 |
| | **用营销计划锁定胜局:用数字解放营销人2**<br>黄润霖　著 | 全方位教你怎么做好营销计划,好学好用真简单 | 照搬套用就行,做营销计划再也不头痛 |
| | **快消品营销人的第一本书:从入门到精通**<br>刘　雷　伯建新　著 | 快消行业必读书,从入门到专业 | 深入细致,易学易懂 |
| 产品 | **产品开发管理方法·流程·工具:从作坊式到规范化**<br>任彭枞　著 | 产品研发管理体系全指导 | 既有工具,又能开拓思路 |
| | **新产品开发管理,就用IPD(升级版)**<br>郭富才　著 | 10年IPD研发管理咨询总结,国内首部IPD专业著作 | 一本书掌握IPD管理精髓 |

续表

| | | | |
|---|---|---|---|
| 产品 | **这样打造大单品：案例　策略　方法**<br>迪智成咨询团队　著 | 囊括十三个不同行业、企业的实际案例，从不同角度详细剖析、总结了这些品牌厂家打造大单品的成功经验或者失败教训 | 厘清大单品打造的策划与路径，得出持续经营的思路与方法 |
| | **研发体系改进之道**<br>靖　爽　陈年根　马鸣明　著 | 提出一套系统性的方法与工具 | 指引企业少走弯路，提高成功率 |
| | **资深项目经理这样做新产品开发管理**<br>秦海林　著 | 以IPD为思想，系统讲解新产品开管理的细节 | 提供管理思路和实用工具 |
| | **产品炼金术Ⅰ：如何打造畅销产品**<br>史贤龙　著 | 满足不同阶段、不同体量、不同行业企业对产品的完整需求 | 必须具备的思维和方法，避免在产品问题上走弯路 |
| | **产品炼金术Ⅱ：如何用产品驱动企业成长**<br>史贤龙　著 | 做好产品、关注产品的品质，就是企业成功的第一步 | 必须具备的思维和方法，避免在产品问题上走弯路 |
| 品牌 | **中小企业如何建品牌**<br>梁小平　著 | 中小企业建品牌的入门读本，通俗、易懂 | 对建品牌有了一个整体框架 |
| | **采纳方法：破解本土营销8大难题**<br>朱玉童　编著 | 全面、系统、案例丰富、图文并茂 | 希望在品牌营销方面有所突破的人，应该看看 |
| | **中国品牌营销十三战法**<br>朱玉童　编著 | 采纳20年来的品牌策划方法，同时配有大量的案例 | 众包方式写作，丰富案例给人启发，极具价值 |
| | **今后这样做品牌：移动互联时代的品牌营销策略**<br>蒋　军　著 | 与移动互联紧密结合，告诉你老方法还能不能用，新方法怎么用 | 今后这样做品牌就对了 |
| | **中小企业如何打造区域强势品牌**<br>吴　之　著 | 帮助区域的中小企业打造自身品牌，如何在强壮自身的基础上往外拓展 | 梳理误区，系统思考品牌问题，切实符合中小区域品牌的自身特点进行阐述 |
| 渠道通路 | **深度分销：掌控渠道价值链**<br>施　炜　著 | 制造商通过掌控渠道价值链，将管理触角延伸至零售层面及顾客现场，对市场根部精耕细作，从而挖掘需求，构筑区域市场尤其是三四级市场的竞争壁垒 | 深度分销是中国企业对世界营销的独特贡献。实践证明，互联网时代深度分销仍有生命力 |
| | **快消品营销与渠道管理**<br>谭长春　著 | 将快消品标杆企业渠道管理的经验和方法分享出来 | 可口可乐、华润的一些具体的渠道管理经验，实战 |
| | **传统行业如何用网络拿订单**<br>张　进　著 | 给老板看的第一本网络营销书 | 适合不懂网络技术的经营决策者看 |
| | **采纳方法：化解渠道冲突**<br>朱玉童　编著 | 系统剖析渠道冲突，21个渠道冲突案例、情景式讲解，37篇讲义 | 系统、全面 |
| | **学话术　卖产品**<br>张小虎　著 | 分析常见的顾客异议，将优秀的话术模块化 | 让普通导购员也能成为销售精英 |
| | **向高层销售：与决策者有效打交道**<br>贺兵一　著 | 一套完整有效的销售策略 | 有工具，有方法，有案例，通俗易懂 |
| | **通路精耕操作全解：快消品20年实战精华**<br>周　俊　陈小龙　著 | 通路精耕的详细全解，每一步的具体操作方法和表单全部无保留提供 | 康师傅二十年的经验和精华，实践证明的最有效方法，教你如何主宰通路 |

## 管理者读的文史哲·生活

| 书名．作者 | | 内容/特色 | 读者价值 |
|---|---|---|---|
| 思想·文化 | **德鲁克管理思想解读**<br>罗　珉　著 | 用独特视角和研究方法，对德鲁克的管理理论进行了深度解读与剖析 | 不仅是摘引和粗浅分析，还是作者多年深入研究的成果，非常可贵 |
| | **德鲁克与他的论敌们：马斯洛、戴明、彼得斯**<br>罗　珉　著 | 几位大师之间的论战和思想碰撞令人受益匪浅 | 对大师们的观点和著作进行了大量的理论加工，去伪存真、去粗存精，同时有自己独特的体系深度 |

续表

| | | | |
|---|---|---|---|
| 思想·文化 | **德鲁克管理学**<br>张远凤　著 | 本书以德鲁克管理思想的发展为线索，从一个侧面展示了20世纪管理学的发展历程 | 通俗易懂，脉络清晰 |
| | **王阳明"万物一体"论：从"身-体"的立场看（修订版）**<br>陈立胜　著 | 以身体哲学分析王阳明思想中的"仁"与"乐" | 进一步了解传统文化，了解王阳明的思想 |
| | **自我与世界：以问题为中心的现象学运动研究**<br>陈立胜　著 | 以问题为中心，对现象学运动中的"意向性""自我""他人""身体"及"世界"各核心议题之思想史背景与内在发展理路进行深入细致的分析 | 深入了解现象学中的几个主要问题 |
| | **作为身体哲学的中国古代哲学**<br>张再林　著 | 上篇为中国古代身体哲学理论体系奠基性部分，下篇对由"上篇"所开出的中国身体哲学理论体系的进一步的阐发和拓展 | 了解什么是真正原生态意义上的中国哲学，把中国传统哲学与西方传统哲学加以严格区别 |
| | **中西哲学的歧异与会通**<br>张再林　著 | 本书以一种现代解释学的方法，对中国传统哲学内在本质尝试一种全新的和全方位的解读 | 发掘出掩埋在古老传统形式下的现代特质和活的生命，在此基础上揭示中西哲学"你中有我，我中有你"之旨 |
| | **治论：中国古代管理思想**<br>张再林　著 | 本书主要从儒、法墨三家阐述中国古代管理思想 | 看人本主义的管理理论如何不留斧痕地克服似乎无法调解的存在于人类社会行为与社会组织中的种种两难和对立 |
| | **车过麻城　再晤李贽**<br>张再林　著 | 系统全面而又简明扼要地展示了李贽独到的学术眼力和超拔的理论建树 | 帮助读者重新认识李贽的思想 |
| | **中国古代政治制度（修订版）上：皇帝制度与中央政府**<br>刘文瑞　著 | 全面论证了古代皇帝制度的形成和演变的历程 | 有助于读者从政治制度角度了解中国国情的历史渊源 |
| | **中国古代政治制度（修订版）下：地方体制与官僚制度**<br>刘文瑞　著 | 全面论证了古代地方政府的发展演变过程 | 有助于读者从政治制度角度了解中国国情的历史渊源 |
| | **中国思想文化十八讲（修订版）**<br>张茂泽　著 | 中国古代的宗教思想文化，如对祖先崇拜、儒家天命观、中国古代关于"神"的讨论等 | 宗教文化和人生信仰或信念紧密相联，在文化转型时期学习和研究中国宗教文化就有特别的现实意义 |
| | **史幼波《大学》讲记**<br>史幼波　著 | 用儒释道的观点阐释大学的深刻思想 | 一本书读懂传统文化经典 |
| | **史幼波《周子通书》《太极图说》讲记**<br>史幼波　著 | 把形而上的宇宙、天地，与形而下的社会、人生、经济、文化等融合在一起 | 将儒家的一整套学修系统融合起来 |
| | **史幼波《中庸》讲记（上下册）**<br>史幼波　著 | 全面、深入浅出地揭示儒家中庸文化的真谛 | 儒释道三家思想融会贯通 |
| | **梁涛讲《孟子》之万章篇**<br>梁　涛　著 | 《万章》主要记录孟子与万章的对话，涉及孝道、亲情、友情、出仕为官等 | 作者的解读能帮助读者更好地理解孟子及儒学 |
| | **两晋南北朝十二讲（修订版）**<br>李文才　著 | 作为一本普及性读物，作者尊重史实，运用"历史心理学"的叙事方法，分12个专题对两晋南北朝的历史进行阐述 | 让读者轻松了解两晋南北朝的历史 |
| | **每个中国人身上的春秋基因**<br>史贤龙　著 | 春秋368年（公元前770-公元前403年），每一个中国人都可以在这段时期的历史中找到自己的祖先，看到真实发生的事件，同时也看到自己 | 长情商、识人心 |
| | **与《老子》一起思考：德篇**<br>**与《老子》一起思考：道篇**<br>史贤龙　著 | 打通文史，回归哲慧，纵贯古今，放眼中外，妙语迭出，在当今的老子读本中别具一格 | 深读有深读的回味，浅尝有浅尝的机敏，可给读者不同的启发 |